M.Lovelin Ponn Felciah
Rajkumar Kannan

Classificação de sentimentos de comentários em redes sociais

M.Lovelin Ponn Felciah
Rajkumar Kannan

Classificação de sentimentos de comentários em redes sociais

Abordagem de extração de opiniões baseada na aprendizagem automática para análises de produtos

ScienciaScripts

Imprint

Cover image: www.ingimage.com

This book is a translation from the original published under ISBN 978-620-7-64085-0.

Publisher:
Sciencia Scripts
is a trademark of
Dodo Books Indian Ocean Ltd. and OmniScriptum S.R.L publishing group

120 High Road, East Finchley, London, N2 9ED, United Kingdom
Str. Armeneasca 28/1, office 1, Chisinau MD-2012, Republic of Moldova, Europe
Managing Directors: Ieva Konstantinova, Victoria Ursu
info@omniscriptum.com

Printed at: see last page
ISBN: 978-620-8-52033-5

Conteúdo

AGRADECIMENTOS

Antes de mais, gostaria de agradecer ao Senhor Jesus Cristo pelas abundantes bênçãos e privilégios que me foram concedidos em todos os empreendimentos da minha investigação.

Com sentimentos calorosos, deixo registada a minha sincera gratidão ao meu supervisor e mentor de investigação, Dr. K. Rajkumar, Professor Associado do Departamento de Informática, Bishop Heber College, Tiruchirappalli-620 017, que me orientou habilmente ao longo da progressão da minha investigação.

Neste momento de realização, presto homenagem à falecida Dra. R. Anbuselvi. Este trabalho não teria sido possível sem a sua orientação, apoio e encorajamento. Sob a sua orientação, ultrapassei com sucesso muitas dificuldades e aprendi muito.

Expresso os meus sinceros agradecimentos aos membros do meu comité de doutoramento, Dr. Pon Periasamy e Dr. J.G.R.Sathiaseelan, por terem dado as suas valiosas sugestões e feedbacks precisos para o aperfeiçoamento do meu trabalho de investigação.

Reconheço com um profundo sentido de gratidão ao Dr. D. Paul Dhayabaran, Diretor do Bishop Heber College (Autónomo), Tiruchirappalli, por me ter dado a oportunidade de prosseguir o meu programa de doutoramento nesta estimada instituição por excelência.

Gostaria de agradecer a todos os membros do corpo docente do Departamento de Informática do Bishop Heber College (Autónomo), Tiruchirappalli, pelo seu apoio e encorajamento oportunos.

Por último, mas não menos importante, devo um profundo sentimento de gratidão aos meus pais, irmã e irmão pelas suas orações e motivação ao longo do meu trabalho de investigação. Quero agradecer ao meu marido, A. Sakthi Vinayagam, pelo seu incessante apoio e assistência durante o período da minha investigação. Completei o trabalho com a colaboração das minhas filhas, S. Ananditha e S. Athena, que me aturaram pacientemente durante a minha concentração no estudo e as longas horas ao computador.

M. LOVELIN PONN FELCIAH

RESUMO

As plataformas de redes sociais são consideradas as formas mais populares e ainda mais poderosas de comunicação em linha. Através de várias plataformas, como críticas, tweets, blogues, etc., muitas informações reflectem a opinião e as atitudes das pessoas em relação a quaisquer produtos, serviços ou organizações. Estas opiniões são também publicadas e partilhadas entre os utilizadores diariamente. Recentemente, este facto trouxe grandes oportunidades para as empresas acompanharem e monitorizarem o crescimento do seu negócio, bem como a reputação dos seus produtos e, para os políticos, abre caminho para avaliar as suas questões políticas e políticas do público. No entanto, encontrar e monitorizar sítios de opinião na Web e destilar a informação neles contida continua a ser uma tarefa formidável devido à proliferação de diversos sítios. A quantidade de dados textuais disponíveis na Web aumentou nos últimos anos, afectando não só as indústrias das TIC, mas também as empresas e os serviços públicos. O leitor humano médio terá dificuldade em identificar os sítios relevantes e em resumir com exatidão as informações e opiniões neles contidas.

Além disso, sabe-se também que a análise humana da informação textual está sujeita a enviesamentos consideráveis, por exemplo, as pessoas prestam frequentemente mais atenção às opiniões que são consistentes com as suas próprias preferências. As pessoas também têm dificuldade, devido às suas limitações mentais e físicas, em produzir resultados consistentes quando a quantidade de informação a processar é grande. Isto requer um sistema automatizado para resumir a opinião das pessoas relativamente a tópicos específicos para a análise das redes sociais.

A análise de sentimentos ou a extração de opiniões é o estudo computacional das opiniões, avaliações, atitudes e emoções das pessoas relativamente a entidades, indivíduos, questões, eventos, tópicos e respectivos atributos. A tarefa é tecnicamente desafiante e, na prática, muito útil. Por exemplo, para aumentar a produtividade de cada empresa, a organização tem de encontrar opiniões do público ou dos consumidores sobre os seus produtos ou serviços. Os potenciais clientes também querem conhecer as opiniões dos utilizadores existentes antes de utilizarem um serviço ou comprarem um produto. A análise de sentimentos tem diferentes utilizações e tem recebido muita atenção por parte de investigadores e analistas. O problema desta informação é que não está organizada e não está estruturada, pelo que é difícil avaliar um grande volume de dados.

O objetivo deste trabalho de investigação é aumentar a precisão do classificador, identificando as polaridades de opinião (positiva, negativa, neutra) expressas na caraterística do produto que é identificada nas críticas ou frases extraídas das redes sociais. A abordagem permite ao classificador calcular as pontuações de sentimento para a caraterística principal. A classificação resumida da polaridade para a caraterística específica de um produto dá um potencial de alavancagem para o sistema de recomendação, transformando dados qualitativos do conteúdo gerado pelo utilizador em informação quantitativa para o processo de tomada de decisão. Assim, neste trabalho, a utilização eficaz da seleção e do melhoramento de caraterísticas melhora a precisão da classificação.

O capítulo 3 centra-se na identificação da frase de opinião a partir das críticas e anotada manualmente para a tarefa de classificação. Para extrair a frase subjectiva, esta fase utiliza o método de regressão logística para classificar as polaridades do sentimento (positivo, negativo e neutro) de toda a mensagem (por exemplo, críticas), o que dá uma recomendação geral sobre o produto.

O Capítulo 4 centra-se em estimar o sentimento para cada termo caraterístico, em vez de para cada frase inteira ou para as críticas. O sistema classifica cada comentário inteiro numa classe de sentimento (positivo, negativo ou neutro) e, em seguida, a classe de sentimento da mensagem foi também atribuída a todos os termos caraterísticos da mensagem. Os classificadores SVM e Naive Bayes são utilizados para classificar a frase para um melhor processo de avaliação.

O capítulo 5 centra-se na extração de caraterísticas-chave que dão prioridade à avaliação da pontuação do sentimento e resumem a opinião que desempenha um papel vital na classificação. Reduz o tempo e a quantidade de memória. Esta estratégia melhora a precisão geral da classificação nas revisões.

As técnicas propostas neste trabalho são combinadas para produzir uma estrutura que maximiza a precisão e também minimiza o tempo de processamento. Finalmente, a estrutura proposta classifica eficazmente as revisões e resume-as eficazmente.

LISTA DE PUBLICAÇÕES

[1] M. Lovelin Ponn Felciah, e R. Anbuselvi. **"Um estudo sobre a análise do sentimento das críticas dos media sociais".** Inovações em sistemas de informação, incorporados e de comunicação (ICIIECS), Conferência Internacional de 2015. IEEE, 2015.

[2] M. Lovelin Ponn Felciah, e R. Anbuselvi. **"Um estudo comparativo dos algoritmos de aprendizagem automática sobre a classificação de opiniões"** Revista Internacional de Investigação em Engenharia Aplicada, ISSN 09734562 Vol. 10 No.85 (2015) © Research India Publications; http/www.ripublication.com/ijaer.htm

[3] M. Lovelin Ponn Felciah, e R. Anbuselvi. **"Smartphone Product Review Sentiment Analysis using Logistic Regression.** " Jornal interno de aplicação da teoria de controle. 9.26 (2016): 343-349.

[4] M. Lovelin Ponn Felciah, e R. Anbuselvi. **"Uma abordagem aprimorada para a classificação de aspectos do produto nas avaliações dos consumidores"** Jornal Internacional de Pesquisa em Engenharia Aplicada, ISSN 0973-4562 Vol. 10 No.85 (2015) Publicações da Research India; http /www.ripublication.com/ijaer.htm

[5] M. Lovelin Ponn Felciah, e R. Anbuselvi. **"Uma estrutura aprimorada para extração de opinião baseada em aspeto de avaliações de clientes"** Jornal Internacional de Avanços em Pesquisa de Engenharia, e-ISSN 2231-5152Vol.No15, Edição No.III (IJAER) 2018

Capítulo 1

Introdução

CAPÍTULO-1
INTRODUÇÃO

1.1 VISÃO GERAL

A Internet tornou-se uma enorme fonte de todo o tipo de informação para todos. Vários tipos de informação são de interesse no mundo comercial. Por exemplo, as empresas estão interessadas nos seus produtos, materiais, fornecedores, concorrentes e feedback dos clientes. O cliente, por sua vez, está interessado na opinião dos outros sobre um determinado produto, serviço ou organização antes de o experimentar. Embora nem todas as pessoas possam ser afectadas pelos pontos de vista ou opiniões dos outros, algumas organizações ou indivíduos podem ser motivados por considerações económicas ou sociais. O aparecimento de plataformas de redes sociais deu ao utilizador da Web um espaço para partilhar as suas opiniões e pensamentos sobre todas as áreas e eventos.

Recentemente, as empresas gastam enormes quantias de dinheiro em grupos de discussão e questionários para determinar a opinião, o sentimento e os pontos de vista dos clientes sobre os seus produtos e serviços sob a forma de estudos estruturados [Moghaddam et al, 2013]. As críticas ou informações provenientes das redes sociais tornaram-se uma mina de conhecimento para as organizações monitorizarem a sua reputação e as suas marcas, extraindo e analisando as opiniões das críticas publicadas pelos utilizadores sobre os produtos, bem como sobre os seus comerciantes e concorrentes. Esta nova ocorrência tem motivado um maior esforço de investigação, em que o processamento de linguagem natural, a recuperação de informação, o processamento de texto e as técnicas de extração de dados são utilizados para criar estruturas e abordagens para analisar e seguir o sentimento em vários meios de comunicação social. Assim, o sentimento das opiniões e sentimentos dos outros sobre um determinado assunto é considerado uma tarefa essencial para o processo de tomada de decisões, que é a tarefa de
análise de sentimentos [Campbell et al, 2010]. Além disso, remodela as empresas e influencia os sentimentos e as emoções do público [Buche et al, 2013].

A investigação no domínio da prospeção de dados produziu com êxito numerosos métodos, ferramentas e algoritmos para o tratamento de grandes quantidades de dados com vista à resolução de problemas do mundo real. A extração tradicional de dados tornou-se parte integrante de muitos domínios de aplicação, incluindo a bioinformática, o armazenamento de dados, a inteligência empresarial, a análise preditiva e os sistemas de apoio à decisão. Os objectivos do processo de extração de dados consistem em tratar dados em grande escala e extrair padrões acionáveis, bem como adquirir conhecimentos perspicazes. Os meios de comunicação social têm sido as inovações tecnológicas mais recentes e em expansão. Oferecem uma vasta gama de benefícios e fornecem grandes quantidades de dados gerados pelos utilizadores, que podem ser disponibilizados para a extração de dados, a fim de fornecer métodos e técnicas inovadores para o processo de descoberta de conhecimentos.

1.2 NECESSIDADE DE REDES SOCIAIS

As redes sociais são plataformas virtuais que permitem criar, publicar e partilhar conteúdos, que são gerados diretamente pelos utilizadores. Neste sentido, os media sociais diferem dos media tradicionais, como os jornais, os livros e a televisão, devido à sua horizontalidade no que respeita à possibilidade (e faculdade) de publicar os conteúdos referidos no biz report .com. Se, por exemplo, um jornal geralmente contém apenas as notícias escritas pelos seus repórteres, no caso dos media sociais a barreira de entrada para a "produção" de um texto é praticamente inexistente: basta um computador (ou telemóvel) com internet gratuita para o fazer.

Os meios de comunicação social incluem vários tipos, tais como sítios de redes sociais como o Face book, microblogues como o Twitter, blogues como o BlogSpot, cartografia de fonte aberta como a Wikimedia e partilha de fotografias e vídeos como o Flikr, o Picasa e o YouTube. A investigação recente em análise de redes sociais tende a centrar-se em três domínios principais: análise de conteúdos (tópicos populares e sentimentos/emoções), análise de grupos/rede (definir utilizadores dentro de um grupo, caraterizar a forma como os membros do grupo interagem entre si) e previsão de eventos ou caraterísticas do mundo real.

Nas estratégias de comunicação digital, as redes sociais tornaram-se a parte crucial do ano de 2017. Os meios de comunicação social proporcionam resultados significativos em termos de vendas, contactos e imagem de marca. Além disso, permitem alcançar um grande número de pessoas a baixo custo. O domínio das redes sociais é dinâmico e está em constante mudança. Um inquérito realizado a mais de 10 000 utilizadores activos das redes sociais revela que o Face book é a plataforma de avaliação em que mais confiam, mais do que o Twitter, o Pinterest ou o YouTube. Realizado pela empresa de ativação da advocacia Social Media Link, o inquérito revelou que 68% confiam no Face book, em comparação com o Twitter (41%), o Pinterest (56%) e o YouTube (51%). 90% dos profissionais de marketing B2C utilizam as redes sociais nos seus programas de marketing de conteúdos, o que faz com que seja a plataforma mais popular para publicar conteúdos.(Fonte: contentmarketinginstitute)

Em comparação com os métodos tradicionais de publicidade nos meios de comunicação social, como a televisão e os jornais, o CGU em linha é considerado mais fiável e equilibrado do que o fornecido pelas empresas [Mudambi et al, 2010]. Assim, muitas organizações integraram os meios de comunicação social como parte das suas estratégias de marketing e incentivam deliberadamente os utilizadores em linha a fazerem conversas positivas sobre os seus produtos ou serviços, como indicam [Joshi et al, 2007], os governos, as empresas, as empresas de comunicação social tradicionais e as ONG estão a trabalhar para compreender como adaptar e utilizar os meios de comunicação social de forma eficaz.

Muitos utilizadores das redes sociais partilham as suas opiniões e experiências através das redes sociais, o que permite acumular sabedoria pessoal e diferentes pontos de vista. Estes pontos de vista têm limitações que estão sujeitas a alterações ao longo do tempo. Em geral, se forem extraídos e analisados corretamente, os dados das redes sociais podem conduzir a previsões úteis de determinados acontecimentos relacionados com o ser humano. Essa previsão tem grandes benefícios em muitos domínios, como as finanças, o marketing de produtos e a política, o que tem atraído um número crescente de investigadores para este tema [Yu et al, 2012]. A Figura 1.1 ilustra a visão detalhada dos sentimentos sociais e analisa os detalhes das acções dos produtos da maçã.

Figura 1.1: Painel de Controlo para Analisar o Sentimento Social das Acções da Apple

A exploração de dados nas redes sociais pode aumentar a capacidade dos investigadores para compreenderem novos fenómenos devido à utilização de dados das redes sociais, o que melhora a inteligência empresarial para prestar melhores serviços e desenvolver oportunidades inovadoras. Por exemplo, as técnicas de extração de dados podem ajudar a identificar as pessoas influentes na vasta

blogosfera, a detetar grupos implícitos ou ocultos num sítio de rede social, a detetar os sentimentos dos utilizadores para um planeamento pró-ativo, a desenvolver sistemas de recomendação para tarefas que vão desde a compra de produtos especiais até fazer novos amigos, a compreender a evolução da rede e as relações entre entidades em mudança, a proteger a privacidade e a segurança dos utilizadores ou a criar e reforçar a confiança entre utilizadores ou entre utilizadores e entidades.
A exploração dos meios de comunicação social é uma área multidisciplinar em que investigadores de diferentes origens podem dar contributos importantes para a investigação e o desenvolvimento dos meios de comunicação social. De um modo geral, as recomendações sociais de pessoas que conheciam eram, de longe, mais fiáveis do que as recomendações de outros meios de comunicação e canais de publicidade.

1.3 ANÁLISE DE SENTIMENTOS NAS REDES SOCIAIS

A análise de sentimentos é uma técnica de processamento de linguagem natural (PLN) que permite extrair informações subjectivas para análise de texto [Pang e Lee, 2008]. Centra-se principalmente na opinião, o que implica um sentimento positivo ou negativo [Liu, 2012]. Uma das tarefas mais populares da análise de sentimento é a classificação automática de documentos ou frases em categorias de sentimento como positivo, negativo e neutro. Essas classes de sentimento representam o sentimento do escritor em relação ao tópico abordado na mensagem.
De acordo com a definição relatada, o sentimento sugere "uma opinião estabelecida que reflecte os sentimentos de alguém" [Pang e Lee, 2008]. A análise de sentimentos (AS) consiste, portanto, em definir ferramentas automáticas capazes de extrair informações subjectivas de textos em linguagem natural, tais como opiniões e sentimentos, a fim de criar conhecimento estruturado e acionável para ser utilizado por um sistema de apoio à decisão ou por um decisor [Pozzi et al, 2013]. A análise de sentimentos é um termo utilizado para designar o domínio mais geral da análise das opiniões, emoções, avaliação do sentimento e atitudes das pessoas em relação a entidades como produtos ou serviços de uma organização, indivíduos, questões, eventos, tópicos e respectivos atributos" Liu, (2012).

Figura 1.2: Tarefas envolvidas na análise de sentimentos

O estudo da extração de sentimentos envolve a extração de opiniões ou sentimentos a partir de um determinado texto, utilizando métodos de extração de texto como o processamento de linguagem natural, a recuperação de informação, a aprendizagem automática e a extração de dados da Web, Maynard (2013). A Figura 1.2 apresenta as várias tarefas envolvidas na análise de sentimentos, como a classificação da subjetividade e a identificação da polaridade, entre outras. Mais precisamente, a extração de opiniões é a área de investigação que tenta desenvolver um sistema automático para extrair opiniões de um texto escrito em linguagem natural [Hammed et al, 2013, Liu, 2012].

Embora a prospeção de opiniões a vários níveis seja valiosa, não é possível descobrir exatamente o que as pessoas gostam ou não gostam. Um texto opinativo sobre uma determinada entidade não significa que o autor goste ou não goste de todos os aspectos dessa entidade. "*A câmara Samsung é fantástica; é melhor do que a câmara canon*" é um exemplo de uma análise de um produto que exprime uma opinião positiva sobre um produto e uma opinião negativa sobre outro produto. Não é válido classificar o sentimento em relação a um produto de uma forma generalizada que pode não identificar exatamente a opinião do alvo. É necessário obter uma opinião precisa sobre qualquer produto. Por vezes, a frase de opinião expressa pelo cliente pode depender do aspeto ou da caraterística de um produto ou serviço, que identifica a opinião sobre o aspeto visado do produto. A figura 1.3 mostra o número de opiniões publicadas sobre várias caraterísticas da impressora HP officejet.

Figura 1.3: Opiniões expressas sobre vários aspectos de um produto

Devido à sua importância para as empresas e a sociedade, passou da informática para as ciências sociais. A pesquisa local é impulsionada pelas críticas em linha, tal como as receitas. Em média, está provado que as avaliações dos clientes aumentam as vendas em 18% e 90% das pessoas afirmam que as avaliações positivas influenciam as suas decisões de compra.

1.4. DEFINIÇÃO DO PROBLEMA

O texto em linha contém muitos dados inconsistentes que podem causar resultados enganadores no processo de classificação do sentimento, tais como etiquetas html, anúncios, palavras de paragem, palavras de sarcasmo que não têm qualquer efeito na orientação do texto. No processamento de texto, cada texto é representado como um vetor em que cada palavra é uma entidade. Assim, cada palavra é uma dimensão no espaço vetorial. Por conseguinte, na extração de texto, muitos documentos de texto são de elevada dimensionalidade, o que torna a tarefa do classificador mais complexa. Isto deve-se ao facto de a elevada dimensionalidade do texto dificultar a procura de semelhanças no processo de classificação. Estas questões podem ser rectificadas utilizando técnicas de processamento da linguagem natural, designadas por pré-processamento do texto

Existem várias técnicas e abordagens de informação que foram propostas de acordo com diferentes tipos de dados. [Meng, 2012] Também a extração de dados e de texto tem vindo a crescer rapidamente nos últimos anos, com a análise de texto não-tópico, pelo que a tarefa da análise de sentimentos consiste em extrair a informação subjectiva do material de origem, identificando-o como positivo, negativo ou neutro. Existe uma grande variedade de aplicações que podem beneficiar dos seus resultados, como a análise de notícias, o marketing, a resposta a perguntas, as bases de conhecimento, etc.

Embora a tecnologia seja a era da Web 2.0 com milhões de dados a cada segundo, as indústrias, empresas e organizações consideram complexo lidar com os dados de opinião de forma eficaz. Um inquérito mostra que cerca de 2000 organizações não têm uma ideia clara sobre as opiniões dos seus

clientes relativamente aos seus produtos e serviços e cerca de 30% têm dificuldade em lidar com esses dados para medir a opinião dos clientes [Gamon, 2012]. É evidente que não se trata de falta de fonte de dados, mas sim da enorme dimensão dos dados de opinião e da complexidade de lidar com eles, o que dificulta a extração de informações úteis para a organização.
Cada vez que alguém tenta descobrir o que as outras pessoas pensam sobre algo na Web, isso resulta numa enorme quantidade de dados, o que torna difícil encontrar informações úteis. [Lovelin et al, 2015] efectuam um estudo comparativo de várias técnicas de aprendizagem automática utilizadas para a classificação da polaridade. Embora existam muitas técnicas, são necessários algoritmos melhorados para classificar o sentimento em dados não estruturados. Os analistas de dados de uma organização acompanham o feedback dos clientes, o que ajuda a medir o nível de satisfação e a tomar as melhores decisões de fabrico e venda. Devido às limitações físicas e mentais do ser humano, é difícil recolher manualmente e analisar a enorme quantidade de informação existente na Web.
A maior parte das páginas Web de comércio eletrónico fornece feedback ou avaliações em que o cliente individual partilha a sua experiência e opiniões. No entanto, o conteúdo das críticas geradas pelos utilizadores é frequentemente apresentado como um texto em linguagem natural, numa forma não estruturada. A extração e análise de informações significativas é uma tarefa difícil que exige técnicas especializadas. Para recolher os dados iniciais, a maior parte das páginas Web oferece uma área de comentários ou de apreciações em que cada cliente pode trocar as suas experiências e opiniões. O conteúdo das opiniões dos clientes é frequentemente apresentado como um texto em linguagem natural, de forma não estruturada. A análise e extração de informações significativas desses dados é uma tarefa difícil que exige técnicas especializadas.
As avaliações em linha são uma forma particular de dados, que não só se tornaram uma fonte de informação importante para ajudar o cliente a tomar decisões, como também constituem a base para avaliar a sua decisão de compra e, em última análise, alterar o seu comportamento de compra [Cantallops et al., 2014, Ye et al., 2011], o que torna os vários estudos seguintes.

> Cerca de 92% dos clientes lêem as opiniões sobre os produtos em linha antes de os comprarem e cerca de 40% das pessoas formam uma opinião lendo apenas uma a três opiniões [Shrestha, 2016]

> Mais do que a descrição que vem dos fabricantes, as opiniões dos utilizadores finais são mais fiáveis, segundo inquéritos realizados pelos utilizadores da Internet dos EUA pelo sítio de análise de vídeos em linha EXPO (eMarkter, 2010).

> Quando as pessoas têm uma experiência positiva, a avaliação do produto pode ser amplificada na Internet e nas redes sociais, o que incentiva outras pessoas.

Mas, ao mesmo tempo, quando as pessoas têm uma experiência negativa, as empresas precisam de responder imediatamente

> A Reevoo analisou que as críticas produzem uma média de 18% de aumento nas vendas (e-consultancy.com)

As informações supramencionadas revelam o interesse do consumidor nas críticas em linha sobre os produtos e serviços, em termos de confiança nos conselhos ou recomendações em linha para tomar decisões.
A necessidade de se preocupar com estes dados de opinião conduziu naturalmente ao aumento da investigação no domínio da análise de sentimentos. É útil para o cliente tomar decisões inteligentes ao conhecer os aspectos positivos e negativos do produto. Para os retalhistas ou fabricantes, podem obter uma perceção valiosa sobre o que o cliente realmente sente em relação a eles e melhorar as suas estratégias de marketing e diferenciar-se dos concorrentes, a fim de melhorar os seus produtos e serviços [Jain et al, 2016]. Além disso, compreender os sentimentos expressos nos sítios Web das redes sociais pode moldar a oportunidade de negócio a um nível elevado na tomada de decisões [Agamid et al, 2013]. Seguem-se algumas informações estatísticas sobre as críticas em linha. ( )www.vendasta.com/blog/ultimate-guide-online-reviews

> As opiniões online publicadas a cada minuto pelos utilizadores do Yelp são 26.380

> Cerca de 86% das pessoas não mostrarão interesse em efetuar compras em linha se as críticas

forem negativas.

> A percentagem de consumidores que lêem críticas em linha quando compram produtos tecnológicos é de cerca de 64%

> Os comentários produzem uma média de 18% de aumento nas vendas

> 88% dos compradores em linha incorporam as críticas na sua decisão de compra

A fim de satisfazer as necessidades do cliente e do fabricante, é necessário um sistema eficaz e automático para determinar a orientação do sentimento num determinado documento ou frase [Turney, 2002; Pang et al, 2008]. Além disso, apesar de terem sido desenvolvidas muitas ferramentas e aplicações de análise de sentimentos para extrair as opiniões do conteúdo gerado pelo utilizador na Web, o desempenho é fraco devido à complexidade da linguagem. Obviamente, a natureza dos dados textuais varia consoante os domínios.

Um resumo elaborado que inclua as avaliações de várias caraterísticas do produto, como a qualidade, o tamanho, o custo e o design, pode ser mais útil do que um resumo que mostre uma pontuação média para todo o produto. A caraterística do produto define um produto e uma caraterística define a especificação completa do produto. Para gerar resumos de avaliações ao nível da caraterística, existem várias técnicas disponíveis para avaliar a opinião sobre a caraterística do produto a partir de uma coleção de avaliações que foram estudadas em PNL; aprendizagem automática e abordagens estatísticas [Yang et al, 2010]. A avaliação resumida de cada caraterística do produto inclui métodos de análise de sentimentos e de pontuação de caraterísticas. Ainda assim, os métodos de sentimento são limitados quando analisam a polaridade de cada caraterística de um produto.

Nesta tese, o trabalho centra-se na obtenção de uma classificação exacta da polaridade de uma caraterística de um produto, tanto na análise de sentimentos como nos métodos de classificação. Os trabalhos melhoram as técnicas em ambos os métodos. Estas abordagens melhoradas do incluem a utilização de informações sobre a polaridade do sentimento e caraterísticas opinativas das críticas. Além disso, é construída uma classificação global para cada caraterística de um produto e a sua polaridade.

1.5 . ÂMBITO E OBJECTIVO DA INVESTIGAÇÃO

O principal objetivo deste trabalho é aumentar a eficiência dos classificadores para identificar a polaridade das críticas. Com o crescimento dos serviços dos media sociais, tais como críticas, blogues, fóruns e redes sociais online, o interesse na exploração de opiniões tornou-se significativo. Atualmente, as opiniões online surgem como um tipo de investimento para as empresas comercializarem os seus produtos, identificarem novas oportunidades e gerirem a sua reputação.

[Pang e Lee, 2008] também apresentam o resultado do seu inquérito a adultos americanos, que revela uma forte procura de opinião. O resumo do estudo é o seguinte

❖ 32% dão uma classificação a um produto ou serviço, ou a uma pessoa numa classificação em linha
sistema.

❖ O estudo também resume que 81% dos utilizadores da Internet fizeram pesquisas para comprar produtos em linha.

O foco desta investigação é a extração de opiniões com base em caraterísticas a partir da avaliação do cliente para identificar as caraterísticas do produto e a sua opinião correspondente a partir das avaliações opinadas. Também se procura identificar e extrair as caraterísticas do produto a partir das opiniões dos clientes e, por fim, classificar a pontuação das principais caraterísticas do produto.

A tarefa da abordagem é identificar a caraterística do produto, o que envolve várias subtarefas, tais como a extração das principais caraterísticas das opiniões, a identificação da estimativa da polaridade do termo da caraterística (positiva, negativa ou neutra) e o resumo do sentimento do produto com base na caraterística desse produto. O sistema utiliza um classificador SVM, que detecta as críticas com sentimento e distingue as críticas positivas e negativas para a caraterística especificada. O conjunto de dados criado para este trabalho foi retirado da amazon.com e da epionion.com para análises de smartphones.

1.6 ORGANIZAÇÃO DO CAPÍTULO

Este capítulo aborda a parte teórica sobre as redes sociais e a necessidade da análise de sentimentos para os dados das redes sociais. O principal motivo da tese é abordar as questões da análise de sentimentos para informação textual para identificar a polaridade, propondo uma nova estrutura baseada na seleção de caraterísticas. Os restantes capítulos da tese estão organizados da seguinte forma. O Capítulo 2 centra-se na revisão detalhada dos diferentes níveis e abordagens da análise de sentimentos. O capítulo também discute em pormenor vários métodos e abordagens de seleção de caraterísticas a partir de frases opinativas. O capítulo 3 descreve a implementação da classificação da polaridade ao nível da frase para as opiniões sobre smartphones utilizando a regressão logística. O capítulo 4 aborda a seleção de caraterísticas-chave para um produto e analisa a identificação da polaridade da caraterística especificada. O Capítulo 5 propõe uma nova estrutura para melhorar o desempenho do classificador, a fim de identificar o sentimento das avaliações de produtos. A nova estrutura proporciona um processo de tomada de decisão eficiente para o utilizador, bem como um sistema de recomendação para os profissionais de marketing. O capítulo 6 conclui os resultados da investigação da tese com as direcções futuras, seguidas das referências e dos apêndices.

1.7 RESUMO DO CAPÍTULO

O capítulo resume uma visão geral da tecnologia Web e da fonte de informação da Web, que gera um enorme volume de dados gerados pelo utilizador. O capítulo também apresenta uma descrição pormenorizada da necessidade de meios de comunicação social que ajudem o público e os fabricantes a tomar decisões. O capítulo descreve igualmente a importância da análise de sentimentos para os meios de comunicação social e como esta ajuda na análise de decisões em termos de classificação de sentimentos e outras abordagens da análise de sentimentos. Para concluir, a análise de sentimentos desempenha um papel vital no processo de tomada de decisões a partir da grande quantidade de conteúdos gerados pelos utilizadores a partir de vários meios de comunicação social e detalha as questões e os desafios na recuperação de informações úteis.

Capítulo 2

Revisão da literatura

CAPÍTULO 2
REVISÃO DA LITERATURA

2.1 VISÃO GERAL

A análise de sentimentos é um campo de estudo que aborda a aplicação de técnicas de PNL para identificar e analisar automaticamente informações subjectivas em textos de linguagem natural. O objetivo da análise de sentimentos é determinar a opinião do cliente sobre o alvo especificado ou, de forma mais abstrata, sobre eventos ou tópicos específicos. O autor pode expressar a sua opinião a diferentes níveis de granularidade, por exemplo, numa passagem de texto individual ou numa visão geral como um documento ou com uma caraterística-chave específica de um determinado domínio.

A extração de sentimentos também pode ser utilizada em sistemas de recomendação para recomendar itens que recebem uma grande quantidade de comentários positivos [Pang e Lee, 2008] e não recomendar itens que recebem muitos comentários negativos. Além disso, o utilizador também pode aceder a comentários positivos e negativos sobre lançamentos recentes, programas de televisão e filmes populares, produtos utilizando ferramentas de extração de opiniões, que orientam os utilizadores sobre quais os filmes ou produtos a ver e quais os produtos a comprar [Binali et al, 2009]. Um sistema de extração de sentimentos tem como objetivo gerar a caraterística mais importante do produto, determinar os comentários positivos e negativos sobre cada caraterística e, finalmente, produzir uma estrutura de resumo de opiniões. [Lovelin et al, 2015] centra-se em vários métodos e novas abordagens e os desafios surgem devido ao grande volume de dados na Internet. A análise de sentimentos é um domínio emergente para o sistema de apoio à decisão para dados de avaliações em linha.

De um modo geral, as abordagens à análise de sentimentos podem ser classificadas em duas categorias principais: abordagens tradicionais e abordagens semânticas. As abordagens tradicionais baseiam-se na presença de palavras ou caraterísticas sintácticas que reflectem explicitamente o sentimento. Por outro lado, as abordagens semânticas exploram a semântica latente das palavras no texto para captar o seu contexto e atualizar as suas orientações de sentimento em conformidade.

Este capítulo fornece uma visão geral da literatura sobre análise de sentimentos, visando principalmente os trabalhos sobre críticas. Assim, a análise do sentimento das críticas é o principal objetivo desta tese. Os principais trabalhos existentes sobre análise de sentimentos são revistos. É apresentada uma discussão sobre os principais pontos fortes, limitações e lacunas no estado da arte da análise de sentimentos. Esta secção fornece os conhecimentos fundamentais sobre a análise de sentimentos, que constituem a investigação de base apresentada nesta tese. A Figura 2.1 apresenta a tarefa, o nível e as abordagens da análise de sentimentos.

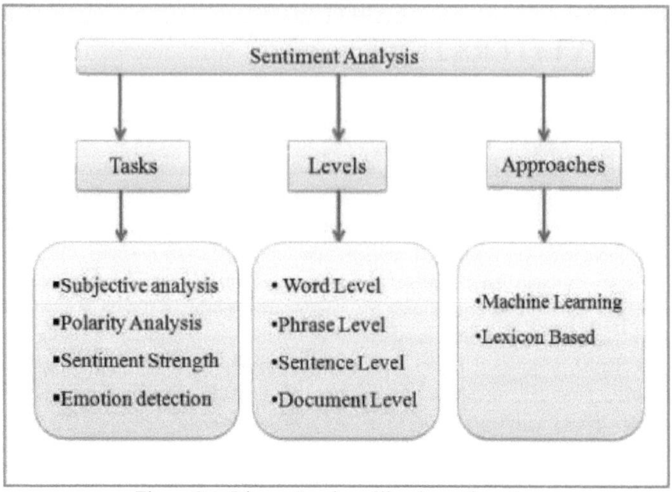

Figura 2.1: Dimensões da análise de sentimentos

2.2 DEFINIÇÕES E COMPONENTES BÁSICOS DE UMA EXTRACÇÃO DE OPINIÕES

A extração de opiniões tem por objetivo avaliar um conjunto de documentos D que contêm opiniões ou sentimentos sobre uma entidade. A extração de opiniões tem por objetivo extrair atributos e partes da entidade que foram comentadas em cada documento e determinar se os comentários são positivos, negativos ou neutros [Liu, 2012].

Os componentes básicos de uma extração de opiniões e os conceitos-chave da extração de opiniões são os seguintes. As análises de opinião contêm três elementos básicos: a opinião expressa, o detentor da opinião e o objeto. O detentor da opinião é uma pessoa ou uma organização que expressa uma opinião específica sobre um determinado objeto. Por exemplo, "*a máquina fotográfica que comprei é espetacular*", neste exemplo, o autor desta publicação é o titular da opinião. Em segundo lugar, as opiniões podem ser expressas sobre qualquer coisa, como produtos, serviços, indivíduos, organizações, eventos ou tópicos, por uma pessoa ou organização [Zhang et al, 2012]. Em geral, a palavra objeto é utilizada para designar a entidade que foi comentada pelo detentor de opinião; no exemplo, a câmara é o objeto sobre o qual o detentor de opinião expressou o comentário. O termo objeto pode ser definido como "Um objeto O é um produto, uma pessoa, um serviço e um evento. O objeto pode ser expresso com os seus atributos associados.

Exemplo: O telemóvel de marca do modelo "*galaxy J7*" é um objeto que tem um conjunto de elementos, ou seja, qualidade da imagem, tamanho e peso, bateria e um conjunto de atributos, ou seja, lente, nitidez. O elemento bateria também tem o seu conjunto de atributos, por exemplo, "*A duração da bateria é curta*". Os componentes e subcomponentes do telemóvel também podem ser comentados pelos avaliadores. Para simplificar, o termo caraterística pode ser utilizado para representar tanto o componente como o atributo.

A subtarefa básica da análise de sentimentos é a deteção da polaridade, ou seja, decidir se o sentimento de um determinado texto é positivo ou negativo. Outra subtarefa popular é a deteção da subjetividade, que visa identificar se o texto é subjetivo (ou seja, tem um sentimento positivo ou negativo) ou objetivo (ou seja, tem um sentimento neutro). A deteção da subjetividade e da polaridade são, em grande medida, as subtarefas mais populares na análise de sentimentos [Liu et al, 2010], mas também existem outras subtarefas relevantes. Como (i) a deteção de emoções, que visa identificar as emoções e os sentimentos humanos expressos no texto, como "felicidade", "tristeza", etc. (ii) a deteção da força do sentimento, que visa medir a força ou a intensidade do sentimento no texto.

2.2.1 Tipos de opinião

Um parecer pode ser um parecer normal ou um parecer comparativo. Esta secção descreve em pormenor os tipos de parecer.

Opinião regular:

Uma opinião pode ser classificada como uma opinião regular que pode ser classificada como opinião explícita ou implícita. Quando uma opinião é expressa diretamente sobre a caraterística, é designada por opinião explícita. Por exemplo, (1*) "Este computador portátil tem uma boa vida útil"*, nesta frase o detentor da opinião expressa uma opinião direta sobre um computador portátil. Por exemplo, (2) *"Depois de comer esta comida senti-me feliz"*, esta frase descreve um sentimento desejável da comida sobre a felicidade, o que apresenta indiretamente uma opinião positiva sobre a comida.

Parecer comparativo:

A opinião expressa com base nas diferenças ou semelhanças entre dois ou mais objectos e/ou a opinião dos detentores de opinião com base nas caraterísticas do objeto é designada por opinião comparativa [Jindal et al, 2006], *por* exemplo *Apple phone is better than iphone"*, nesta frase, a opinião é expressa através da comparação dos dois objectos.

2.3 NÍVEIS DE ANÁLISE DE SENTIMENTOS

Nos vários níveis de granularidade, a análise de sentimentos tem sido investigada a três níveis: nível de documento, nível de frase e nível de aspeto [Pang et al, 2008; Liu et al, 2012]. Esta secção descreve os três níveis de análise de sentimentos.

2.3.1 Nível do documento

A análise do sentimento a nível do documento determina se o comentário do documento opinativo sobre o objeto é positivo ou negativo. Este pressuposto não é realista e não pode ser criticado como positivo ou negativo para todo o documento, porque um texto pode conter mais do que uma ou mais opiniões. No entanto, é comum haver algumas opiniões diferentes num documento, pelo que não é aplicável a documentos em que a opinião é expressa sobre vários produtos. Vários investigadores efectuaram uma análise de sentimentos ao nível do documento [Balage et al, 2013]. Os investigadores centram-se principalmente na forma de separar automaticamente textos positivos e negativos com diferentes métodos para melhorar o nível de precisão.

[Noura, et al 2010] investigou o texto árabe tanto ao nível da frase como ao nível do documento. O sistema utiliza um classificador hierárquico que utiliza os resultados do classificador a nível de frase como entrada para o classificador a nível de documento, uma abordagem que não foi investigada anteriormente para documentos árabes. O desempenho é melhor do que o da abordagem tradicional.

[Walaa, et al 2014] fizeram um levantamento das últimas actualizações neste domínio. Recentemente, muitos algoritmos propostos melhoram a análise de sentimentos e várias aplicações de AS são investigadas e apresentadas brevemente neste trabalho. Os artigos são categorizados de acordo com as suas contribuições nas várias técnicas de SA e implementam o nível de avanço de um grande número de artigos recentes e fornecem um breve relatório sobre a tendência recente da investigação na análise de sentimentos.

[Pooja et al, 2014] propuseram um método de recolha de dados de opinião e de avaliação a partir de redes sociais populares, como blogues, fóruns ou redes sociais, e de processamento dos dados utilizando as restrições da linguagem natural e da gramática para descobrir exatamente qual a avaliação do utilizador e os sentimentos expressos pelas pessoas. O sistema tenta extrair automaticamente as caraterísticas relevantes e resumir os sentimentos correspondentes a cada caraterística, sejam eles positivos ou negativos.

[Agarwal et al., 2005] centram-se em vários métodos de aprendizagem automática que reúnem conhecimentos linguísticos através de gráficos de sinónimos, para a classificação de opiniões produtivas. As influências entre as relações dos documentos na análise do sentimento são apresentadas como graus através de várias abordagens. O método utiliza a técnica de corte de gráficos e palavras de opinião na rede Word. O método proposto também trata de melhorar a exatidão das previsões na tarefa de classificação. O estudo do sistema deu resultados com uma precisão superior a 90%, com um resultado adicional de redução do tempo de processamento, com uma diferença mínima na precisão final.

2.3.2 Nível da frase

A análise do sentimento a nível da frase consiste em determinar se cada frase expressa uma opinião positiva ou negativa. Não existe uma grande diferença entre a análise de sentimentos a nível de documento e a nível de frase, porque as frases são documentos curtos. Normalmente, contém duas tarefas. A primeira consiste em determinar se a frase é subjectiva ou objetiva. A segunda, se for subjectiva, é identificar se exprime uma opinião positiva ou negativa [Liu 2012]. Este nível está relacionado com a classificação subjectiva, que exprime os pontos de vista ou o sentimento, enquanto o objetivo lida com informações factuais

A classificação do sentimento ao nível da frase pressupõe que uma frase exprime apenas uma única opinião de um único detentor de opinião. Este pressuposto não é válido para toda a frase. De facto, muitas frases não têm um sentimento específico [Emma, 2015], pelo que é importante diferenciar as frases subjectivas das não subjectivas, porque as frases não subjectivas não acrescentam qualquer informação ao classificador. O nível da frase é preferível ao nível do documento quando é necessário captar diferentes opiniões num documento.

[Na beela et al, 2014] têm investigado no ensino, sobre os sentimentos dos alunos. Vários métodos utilizados para aprender sentimento a partir do feedback do aluno. Assim, Naive Bayes, Complement Naive Bayes (CNB), Maxi-mum Entropy e Support Vetor Machine (SVM) foram treinados usando o feedback de alunos reais. Dois classificadores destacaram-se como os melhores na aprendizagem de sentimentos, com o SVM a resultar na maior precisão, 94%, seguido do CNB, 84%. Também fizeram experiências com a utilização da classe neutra e os resultados indicaram que, em geral, os classificadores têm um melhor desempenho quando a classe neutra é excluída.

[Richa et al, 2014] propuseram uma abordagem que utiliza o feedback de um cliente como opiniões no sítio Web de comércio eletrónico, pelo que é muito importante analisar automaticamente a enorme quantidade de informação na Web e desenvolver métodos para classificar automaticamente as opiniões. O trabalho proposto utiliza a técnica não supervisionada para determinar a polaridade das frases, ou seja, para classificar as frases como positivas, negativas ou neutras. A negação também é tratada no sistema proposto. Os resultados experimentais obtidos com análises de produtos demonstram a eficácia do sistema.

[Frederick et al 2015] desenvolveram um sistema de recuperação automática de opiniões a partir de comentários de blogues para estimar a satisfação dos clientes de três grandes fornecedores filipinos de serviços Internet (ISP). A experiência utiliza classificadores de linguagem Naive Bayes (NB) e Support Vetor Machine (SVM) para determinar a polaridade do sentimento dos comentários do blogue. Os resultados da experiência mostraram que, em geral, o SVM superou o NB. Além disso, as configurações de modelos que envolvem SVM + tri-grama+ Porter stemmer + stop word e SVM + tri-grama+ Porter stemmereach obtiveram uma precisão de classificação suficientemente elevada de 87%. Estes bons resultados indicam que pode ser possível para algumas partes interessadas ter uma noção dos sentimentos dos seus clientes aplicando alguma análise de sentimentos automatizada nos comentários dos blogues.

[Jindal, et al, 2006] investigam o problema da identificação de frases comparativas em documentos de texto. O problema está relacionado com a identificação ou classificação de frases de sentimento, mas é bastante diferente. A classificação do sentimento estuda o problema da classificação de um documento ou de uma frase com base na opinião subjectiva do autor. Uma área de aplicação importante da identificação de sentimentos é a inteligência empresarial, uma vez que um fabricante de produtos quer sempre saber a opinião dos consumidores sobre os seus produtos.

[Taware, et al, 2014] Por outro lado, as comparações podem ser subjectivas ou objectivas. Além disso, uma comparação não diz respeito a um objeto isolado. Em vez disso, compara o objeto com outros. A identificação de frases comparativas também é útil na prática, porque as comparações diretas são talvez uma das formas mais convincentes de avaliação, que pode até ser mais importante do que as opiniões sobre cada objeto individual. A abordagem categoriza as frases comparativas em diferentes tipos e, em seguida, apresenta uma nova descoberta de padrões integrados e uma abordagem de aprendizagem supervisionada para identificar frases comparativas a partir de documentos de texto. Os resultados da experiência utilizando três tipos de documentos, artigos de notícias, análises de produtos por parte dos consumidores e mensagens em fóruns da Internet, mostram uma precisão de 79% e uma recuperação de 81%.

2.3.3 Nível de aspeto

A classificação ao nível dos documentos e das frases é útil em muitos casos, mas é insuficiente para fornecer as informações necessárias ao nível dos requisitos. Uma classificação positiva do sentimento a nível do documento não significa que o autor dê uma opinião positiva sobre todo o tópico do documento, mas pode dar uma opinião positiva sobre uma determinada entidade de um produto. Na classificação ao nível da frase, a polaridade do sentimento é um passo intermédio para compreender cada entidade do objeto e a sua opinião. Por conseguinte, a classificação do sentimento ao nível do aspeto efectua uma análise fina que satisfaz os requisitos. Em alguns estudos, o nível de aspeto é também designado por nível de entidade ou nível de caraterística.

[Neste nível de extração de opiniões, não basta apenas descobrir a polaridade da opinião, a identificação do alvo da opinião é também uma parte vital. A análise de sentimento a nível de aspeto ou de caraterística consiste em duas subtarefas principais. Extração de caraterísticas e classificação do sentimento das caraterísticas.

[XU Xueke, 2013] estuda a melhoria da extração de opiniões ao nível dos aspectos para as opiniões dos clientes em linha. Um novo tópico generativo Joint Aspect Sentiment (JAS) foi modelado; para extrair aspectos e léxicos de sentimento dependentes de aspeto de comentários de clientes online. O sentimento dependente do aspeto refere-se a palavras de aspectos específicos juntamente com as suas polaridades de sentimento em relação a uma entidade específica. O sistema extraiu léxicos de sentimentos dependentes de aspectos para uma série de tarefas de extração de opiniões ao nível dos aspectos, incluindo a identificação implícita de aspectos, a sumarização extractiva de opiniões com base em aspectos e a classificação de sentimentos ao nível dos aspectos. A Figura 2.2 apresenta uma representação gráfica do JAS.

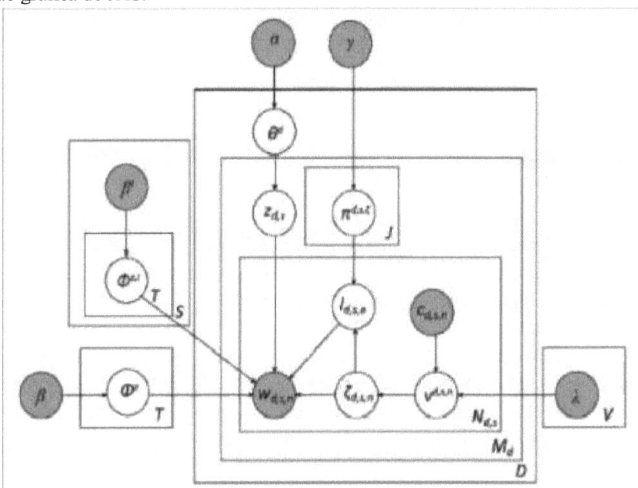

Figura 2.2: Representação gráfica do JAS

[Swami, Armagh, et al, 2017] efectuam uma análise mais fina e analisam diretamente a opinião nas avaliações em linha. O sistema proposto é baseado no nível de frase para examinar as avaliações dos clientes. O trabalho de estrutura usado para extrair os aspectos mais importantes de um item e para prever a orientação de cada aspeto das revisões do item. O sistema projetado implementa a extração de aspectos utilizando a extração de conjuntos de itens frequentes nas avaliações de produtos dos clientes e a extração de opiniões, quer se trate de opiniões positivas ou negativas. Identifica a orientação sentimental de cada aspeto através de algoritmos de aprendizagem supervisionada nas avaliações dos clientes.

[Marrese-Taylor, 2014] propôs uma extensão da abordagem de extração de opinião baseada em aspectos de Bing Liu, a fim de a aplicar ao domínio do turismo. A extensão diz respeito ao facto de os utilizadores se referirem de forma diferente a diferentes tipos de produtos quando escrevem críticas na Web. A abordagem utiliza regras novas e mais complexas baseadas em NLP para as tarefas de classificação subjectiva e de sentimento ao nível do aspeto. A abordagem é muito eficaz na determinação da orientação sentimental das opiniões, alcançando uma medida F- de 92% para a tarefa. No entanto, em média, os algoritmos só foram capazes de extrair 35% das expressões de aspeto explícitas, utilizando uma abordagem não alargada para esta tarefa. Por último, os resultados também demonstraram a eficácia do design quando aplicado à resolução de problemas específicos da indústria na Região dos Lagos, uma vez que quase 80% dos utilizadores que utilizaram a ferramenta consideraram que acrescenta informação valiosa ao negócio.

[Zhonguwu, Bing Liu et, al, 2010] propuseram um modelo de aprendizagem semi-supervisionada para uma análise de produtos no que diz respeito à extração de caraterísticas. As palavras e frases do documento são resumidas em sinónimos do domínio e os produtos são agrupados em clusters com base no atributo ou caraterística do domínio. São propostas duas restrições suaves baseadas na partilha de palavras e nas semelhanças lexicais para identificar uma etiqueta inicial. O algoritmo EM foi melhorado para resolver o problema das restrições que cometem erros nas classes rotuladas. O algoritmo foi avaliado em 5 conjuntos de dados.

2.4 ABORDAGENS À ANÁLISE DE SENTIMENTOS

2.4.1 Abordagem de orientação semântica

O sentimento de orientação semântica tem por objetivo extrair o sentimento utilizando a semântica das palavras para identificar o sentimento em relação ao contexto do texto. O sentimento orientado para a semântica pode ser dividido em duas abordagens principais (i) abordagem baseada no contexto (ii) abordagem baseada no conteúdo. As abordagens baseadas no contexto determinam a semântica a partir do padrão de coocorrência das palavras [Saif et al, 2016]. A palavra tem uma orientação positiva se tiver uma associação mais forte com palavras positivas do que com palavras negativas e vice-versa. Esta abordagem não consegue atribuir sentimento às palavras na especificação do domínio [Ding et al, 2008] devido à sua escolha limitada de palavras de amostra e à sua utilização para todo o corpus. Por exemplo, não consegue distinguir entre "Slim" como uma palavra positiva quando descreve um telemóvel e como uma palavra negativa quando descreve uma cadeira de madeira. A abordagem baseada em conceitos baseia-se em bases de conhecimentos semânticos externos com técnicas de PNL que captam as representações conceptuais das palavras. Trata-se de uma nova abordagem à análise de sentimentos e menos popular do que a abordagem contextual.

Os dados gerados pelos utilizadores constituem uma grande quantidade de informação em linha, sob a forma de documentos, e uma parte crescente dessa informação assume a forma de experiências e opiniões das pessoas. Ajuda as empresas, os sistemas de recomendação ou as avaliações a compilar e resumir automaticamente as opiniões e experiências das pessoas, que consistem em expressões subjectivas ou na polaridade da avaliação - positiva ou negativa.

[Pang, 2006] propôs uma abordagem tratando o problema como um problema normal de classificação de texto. Em primeiro lugar, a frase objetiva é retirada do documento de entrada através de um classificador subjetivo e é aplicado um classificador de aprendizagem automática normal. Isto permite que o classificador se concentre nas partes do documento que expressam efetivamente o sentimento e também fornece um resumo do conteúdo do documento orientado para o sentimento. A figura 2.3 ilustra o diagrama de arquitetura proposto para a classificação da polaridade. As experiências consistem num conjunto de dados de críticas de filmes que foi posteriormente rotulado como subjetivo ou objetivo e classifica e identifica a polaridade da frase subjectiva. O resultado da experiência acima referida foi satisfatório.

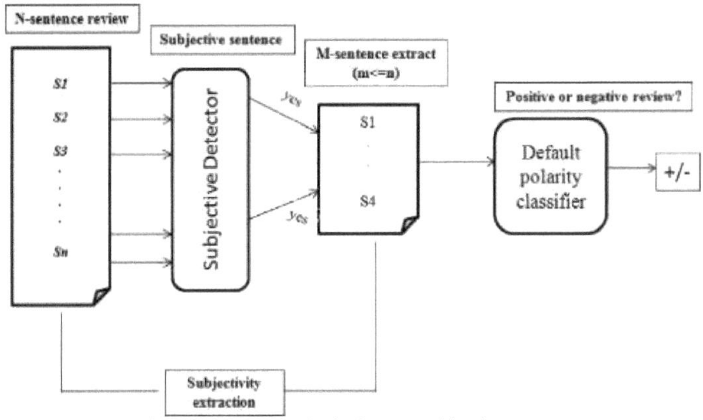

Figura 2.3: Classificações de polaridade através da deteção subjectiva

[Suhuan Sun et al, 2011] propôs uma nova abordagem, analisando a polaridade ao nível da frase, atribuindo uma idade de ponderação de palavras de polaridade para novos comentários em linha. A identificação de entidades e a classificação da polaridade sentimental são as principais tarefas da análise de sentimentos. Os métodos PWC (Polarized WordCount) e DWC (Distance Word Count) foram adaptados. Os comentários online são utilizados como conjunto de dados para esta experiência.
(Monalisa et al 2015), o trabalho investiga uma técnica simples para classificar o sentimento com base numa aprendizagem não supervisionada. O sistema propõe uma abordagem baseada em padrões que aplica uma regra de classificação com base na polaridade de cada comentário e, dependendo de cada polaridade, a pontuação global é calculada utilizando a rede de palavras senti. Um método baseado em regras para identificar a polaridade do sentimento de frases de opinião. A SentiWordNet é utilizada como um léxico valioso para a classificação do sentimento das opiniões em linha. É utilizado um método típico de seleção de caraterísticas baseado na etiquetagem de frases para identificar frases de opinião com base em caraterísticas e palavras de opinião. A pontuação semântica para o sentido mais frequente é atribuída a cada termo utilizando o SentiWordNet e, finalmente, calcula-se a pontuação da frase para decidir se é positiva ou negativa. O trabalho proposto também melhora o passo de pré-processamento, como a remoção de preposições irrelevantes para obter melhores resultados. A figura 2.4 mostra a arquitetura da estrutura orientada para a semântica proposta.

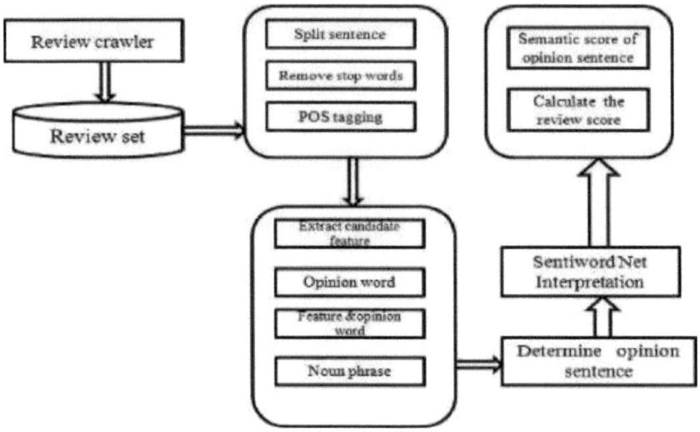

Fig 2.4: Arquitetura baseada na orientação semântica

[Agarwal et al, 2013] propuseram várias técnicas de extração de caraterísticas ricas em sentimentos utilizando padrões de parte do discurso (POS) e regras de dependência. Além disso, as orientações semânticas de todas estas caraterísticas são calculadas utilizando métodos supervisionados e não supervisionados. Finalmente, as orientações semânticas de todas as caraterísticas são agregadas para determinar a polaridade do documento. Todas as experiências são efectuadas em conjuntos de dados padrão de críticas de filmes e de livros. Os resultados experimentais mostram a eficácia das caraterísticas de divisão propostas, que têm melhor desempenho do que outras caraterísticas. São extraídas várias caraterísticas ricas em sentimento, como unigramas, caraterísticas baseadas em padrões POS e caraterísticas baseadas em relações de dependência. As caraterísticas baseadas em padrões POS e em relações de dependência são importantes para extrair informações contextuais e sintácticas que são muito úteis para a análise de sentimentos. A eficácia destas caraterísticas de duas palavras é limitada devido à cobertura. O método proposto melhora o desempenho da análise de sentimentos aumentando a cobertura.

Os resultados experimentais mostram que as caraterísticas divididas propostas têm um melhor desempenho do que as suas caraterísticas para a análise de sentimentos devido ao aumento da cobertura. Os métodos supervisionados têm um melhor desempenho do que os métodos não supervisionados, no entanto, com as novas caraterísticas de divisão propostas, ao aumentar a cobertura, os métodos não supervisionados também podem ter um bom desempenho e podem ser muito úteis para os domínios em que o conjunto de dados de treino rotulado é um problema.

[Erik et al, 2016] investigaram uma diferença importante entre os sistemas de IA tradicionais e a inteligência humana: a capacidade humana de aproveitar os conhecimentos de senso comum adquiridos ao longo de uma vida de aprendizagem e experiência para tomar decisões informadas. Permite que os seres humanos se adaptem facilmente a novas situações em que a IA falha catastroficamente devido à falta de regras específicas da situação e de capacidades de generalização. O conhecimento do senso comum também fornece informações de base que permitem aos seres humanos atuar com êxito em situações sociais em que esse conhecimento é normalmente assumido. Uma vez que o senso comum consiste em informação que os humanos tomam como garantida, a sua recolha é uma tarefa extremamente difícil. A SenticNet tinha como objetivo recolher este tipo de conhecimento para a análise de sentimentos, mas estava fortemente limitada pela sua incapacidade de generalização. A SenticNet4 ultrapassa essas limitações, tirando partido de primitivas conceptuais geradas automaticamente através de agrupamento hierárquico e redução da dimensionalidade.

A destilação de conhecimentos a partir da enorme quantidade de informações não estruturadas na Web é um fator essencial para tarefas como o marketing nas redes sociais, o posicionamento de marcas e a previsão financeira. O raciocínio de senso comum é uma boa solução para a análise de sentimentos, mas a escalabilidade das bases de conhecimento de senso comum é um fator importante que compromete a eficiência da extração de conceitos e da deteção de polaridade. Um primeiro passo possível para resolver este problema é generalizar partes do conhecimento do senso comum em termos de primitivos conceptuais que possam captar a maioria das inflexões semânticas dos conceitos da linguagem natural. O Framework usa um conjunto de agrupamento hierárquico e redução de dimensionalidade para descobrir automaticamente as primitivas para conceitos de substantivos e verbos na SenticNet. Este processo de generalização permite alargar em grande medida a cobertura da base de conhecimentos de senso comum e, por conseguinte, aumentar a precisão do SenticNet para a deteção de polaridade ao nível da frase, em comparação com a versão anterior do recurso e com a investigação de ponta em análise estatística de sentimentos.

[AkashShrivatava et al, 2012] propôs uma nova técnica, o statuspuller, para avaliar a experiência de extração de caraterísticas das opiniões dos utilizadores no livro de rosto. Após a extração das caraterísticas, o classificador classifica a opinião em três classes: BOM, RUIM e MÉDIO. Foi obtida uma precisão média de 70,5% na classificação das várias classes. A medida de desempenho é um método muito eficiente e que poupa tempo para classificar milhões de comentários no Face Book.

2.4.2 Abordagem de aprendizagem automática

A abordagem de aprendizagem automática à análise de sentimentos caracteriza-se pela utilização de um algoritmo de aprendizagem automática e de um corpus de treino. A abordagem funciona normalmente em dois conjuntos: o conjunto de treino e o conjunto de teste. No conjunto de treino, é utilizado um algoritmo de aprendizagem automática para treinar o modelo de classificação utilizando um conjunto de caraterísticas extraídas das críticas do corpus de treino. No conjunto de teste, o modelo treinado é utilizado para inferir o rótulo de sentimento de críticas desconhecidas. Na abordagem de aprendizagem automática, o desempenho é normalmente afetado por três factores principais, como mostra a figura 2.5

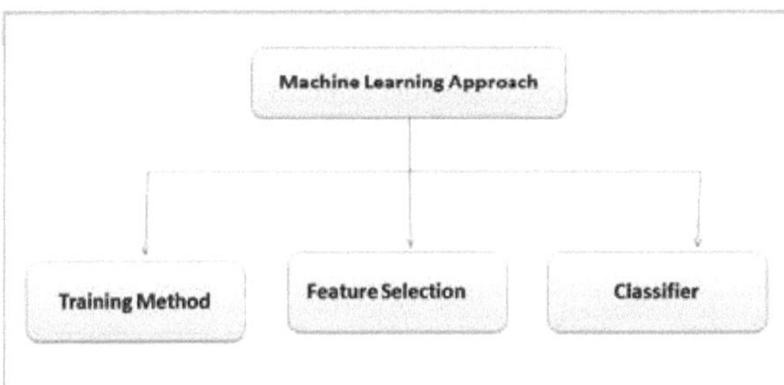

Figura 2.5: Factores que afectam o desempenho da classificação de sentimentos

O domínio da aprendizagem automática forneceu muitos modelos que são utilizados para resolver vários problemas de classificação de textos. Entre eles estão o Naive Bayes (NB), as máquinas de vectores de suporte (SVM), as árvores de decisão, a entropia máxima e os modelos de Markov ocultos (HMM). A visão geral pormenorizada destes e de outros algoritmos pode ser encontrada no trabalho de [Witten and Frank, 2005]. Até à data, as abordagens de aprendizagem automática mais populares utilizadas como linhas de base são a SVM e a NB. [Pang et al, 2002] analisou vários algoritmos de aprendizagem automática supervisionada num conjunto de dados de críticas de filmes, entre os quais SVM, NB e entropia máxima, e também testou várias técnicas de seleção.

O desempenho foi registado utilizando o método SVM com representação de texto unigrama é considerado o melhor. Note-se que o método apresenta caraterísticas de presença e não conta com informações de marcação POS, o que pode melhorar a eficácia dos métodos NB e de máxima entropia, mas tende a diminuir o desempenho do SVM. Num estudo posterior, [Pang et al, 2005] propôs separar inicialmente as frases subjectivas do resto do texto. Neste estudo, partiu-se do pressuposto de que duas frases consecutivas teriam etiquetas de subjetividade semelhantes, uma vez que a subjetividade da frase também não é alterada. Assim, rotular todas as frases como objectivas e subjectivas é outra tarefa importante [Kleinberg and Tardos, 2006].

[Jaspreet, et al 2017] centraram-se em palavras e frases que falam das perspectivas das pessoas sobre produtos, serviços, governos e eventos nas redes sociais. No processamento de linguagem natural, a análise de sentimentos consiste em extrair polaridades positivas ou negativas do texto das redes sociais. O crescimento exponencial da procura por parte de organizações empresariais e governos impele os investigadores a realizar a sua investigação em análise de sentimentos. O trabalho utiliza quatro classificadores de aprendizagem automática de última geração: Naive Bayes, J48, BF Tree e um para otimização da análise de sentimentos. As experiências são realizadas utilizando três conjuntos de dados compilados manualmente; dois deles são capturados da Amazon e um conjunto de dados é montado a partir de críticas de filmes do IMDB. As eficiências destas quatro técnicas de classificação são examinadas e comparadas. A Naive Bayes revelou-se bastante rápida na aprendizagem, enquanto a Naive Bayes parece mais promissora na obtenção de uma exatidão de 91,3% na precisão, 97% na medida F e 92,34% nas instâncias corretamente classificadas.

[Go *et. al.*, 2009] utiliza tweets de redes sociais como dados de treino e para avaliar o sentimento. São utilizados vários classificadores para construir os corpora, utilizando emoticons para obter "positivo" e "negativo". O classificador Naive Bayes é utilizado para selecionar caraterísticas com medidas de informação mútua. O resultado obtém até 81% de precisão no seu conjunto de testes. No entanto, o método mostrou um mau desempenho com três classes.

[Phillips *et al*, 2015] [Phillips *et al*, 2015] investiga a regressão logística interpretando o processo de classificação por meio de um estudo comparativo sobre medidas preditivas de LR, ANN e SVM. O estudo avaliou que o modelo LR demonstrou uma capacidade de classificar aproximadamente 89% da amostra de óleo em comparação com os demais.

[Felipe *et al, 2013*] [Felipe *et al, 2013*] um estudo sobre a subjetividade da polaridade no sentimento do twitter. O objetivo deste sistema é melhorar os principais classificadores de sentimento para a subjetividade e para a classificação da polaridade. O trabalho foca em várias dimensões como força, emoticons e calcula o número de caraterísticas com as palavras combinadas dos tweets coletados. O conjunto de dados Sanders é utilizado com 10 validações cruzadas no algoritmo de aprendizagem entre o SVM, o Naive Bayes e a regressão logística.

2.5 CLASSIFICAÇÃO DA SUBJECTIVIDADE

A análise da subjetividade é o estudo computacional do afeto, da opinião e dos sentimentos expressos em blogues, críticas, tweets e artigos de jornal. O objetivo da subjetividade é diferenciar a frase subjectiva da frase objetiva. A frase subjectiva descreve opiniões, avaliações, sentimentos ou apreciações. A frase objetiva exprime alguns acontecimentos factuais ou informações sobre o mundo. Por vezes, este problema é mais difícil do que a classificação da polaridade.

Definição (Subjetividade da frase): "Uma frase subjectiva exprime alguns sentimentos ou crenças pessoais sobre alguns eventos ou acontecimentos". Por exemplo, "*A imagem no meu telemóvel não é nítida, é pior do que no telemóvel anterior*". Por vezes, a frase subjectiva pode não conter uma opinião, mas sim expressões como opiniões, alegações, desejos e crenças. O conceito de frase opinativa e de frase subjectiva não é o mesmo, embora as frases opinativas sejam frequentemente um subconjunto de frases subjectivas, mas as abordagens são semelhantes para as identificar. [Liu, 2010] A tarefa de determinar se uma frase é subjectiva ou objetiva é designada por classificação da subjetividade.

O conceito de frase opinativa e de frase subjectiva não é o mesmo, embora as frases opinativas sejam frequentemente um subconjunto de frases subjectivas, mas as abordagens para as identificar são semelhantes. A tarefa de determinar se uma frase é subjectiva ou objetiva é designada por classificação da subjetividade [Liu, 2010].

[Kannan et al, 2013] investigaram dois métodos para eliminar as frases objectivas para obter melhores resultados de classificação da análise de críticas de filmes. Além disso, o desempenho de unigramas e frases baseadas em regras é investigado para a análise de sentimentos. Todas as experiências são realizadas no conjunto de dados de referência, ou seja, o conjunto de dados de críticas de filmes de Cornell. Os resultados experimentais mostram que a deteção da subjetividade, ou seja, a eliminação de frases objectivas, melhora o desempenho da análise de sentimentos e que as frases têm melhor desempenho do que os unigramas na análise de sentimentos.

[Abdul et al, 2011] investigam a tarefa de SSA ao nível da frase em textos em árabe padrão moderno (MSA) do género de notícias. A abordagem experimentou três configurações diferentes de pré-processamento com base em texto tokenizado do Penn Arabic Treebank (PATB) e emprega caraterísticas independentes da língua e específicas do árabe, baseadas na morfologia. O trabalho mostra que a utilização explícita de caraterísticas baseadas na morfologia no modelo melhora o desempenho do sistema. O trabalho também mede o impacto da utilização de um léxico de polaridade de cobertura alargada e mostra que a utilização de um recurso adaptado resulta numa melhoria significativa do desempenho da classificação.

[Khan et al, 2017] investigaram técnicas de aprendizagem automática para classificar o conteúdo em subjetivo e objetivo. O conteúdo subjetivo contém informações opinativas, enquanto o conteúdo objetivo contém informações factuais. A principal contribuição reside na introdução de caraterísticas não lexicais e de caraterísticas baseadas no conteúdo, para além da utilização de um conjunto de caraterísticas convencionais baseadas no léxico. A análise comparativa foi efectuada utilizando medidas de avaliação de desempenho padrão e foram realizadas experiências num conjunto de dados do mundo real do fórum em linha relacionado com diversos tópicos. Ficou provado que o conteúdo proposto e as caraterísticas não léxicas específicas do tópico desempenham o seu papel na classificação do conteúdo subjetivo e não subjetivo.

[Chaturvedi et al, 2017] alargaram o paradigma da máquina de aprendizagem extrema (ELM) a uma nova estrutura que explora as caraterísticas das redes bayesianas e das redes neurais recorrentes difusas para efetuar a deteção da subjetividade. Em particular, as redes Bayesianas são usadas para construir uma rede de conexões entre os neurónios ocultos da configuração ELM convencional, a fim de capturar dependências em dados de alta dimensão. Em seguida, uma rede neural recorrente fuzzy herda a estrutura geral gerada pelas redes bayesianas para modelar caraterísticas temporais no preditor. Os resultados experimentais confirmaram a capacidade da estrutura proposta para lidar com problemas padrão de deteção de subjetividade e também provaram a sua capacidade de abordar a portabilidade entre línguas em tarefas de tradução.

2.6 EXTRACÇÃO DE SENTIMENTOS COM BASE EM CARACTERÍSTICAS

A extração de sentimentos ou de opiniões, como já foi referido [Meng, 2010], é um tipo de classificação de textos. Na aprendizagem supervisionada, são utilizados vários algoritmos de aprendizagem automática para classificar o texto. Quando o texto é classificado utilizando modelos de aprendizagem automática, o principal objetivo da aprendizagem supervisionada tem duas categorias: a construção de caraterísticas adequadas e a escolha do algoritmo de classificação adequado. Para algumas aplicações, o texto opinativo classificado a nível de documento ou de frase não é útil, uma vez que não fornece os pormenores necessários. Um documento ou uma frase com uma opinião positiva ou negativa sobre um determinado objeto não significa que o autor tenha uma opinião positiva ou negativa sobre todos os aspectos do produto. Para obter esses pormenores, é necessário o nível da caraterística do objeto.

[Liu, 2010] define que a extração ao nível das caraterísticas consiste em descobrir cada quintuplo (oj, fjk, $ooijkl$, hi, tl) e identificar todos os sinónimos (Wjk) e indicadores de caraterísticas Ijk da caraterística fjk.

As duas principais tarefas de extração na extração ao nível das caraterísticas são:

(1) Identificar as caraterísticas do objeto que foram colocadas. Por exemplo, *"a qualidade da imagem deste telemóvel é fantástica"*, a caraterística do objeto é "qualidade da imagem".

(2) Determinar se o elemento opinativo é positivo, negativo ou neutro.

2.6.1 Extração de caraterísticas

Recentemente, a investigação sobre a extração de caraterísticas de objectos tem sido levada a cabo principalmente em análises de produtos em linha. Existem duas formas comuns de formatar as avaliações na Web. Em primeiro lugar [Liu, 2010], pede-se ao avaliador que descreva as vantagens e desvantagens separadamente e que escreva uma avaliação detalhada ou completa do produto. Em segundo lugar, o avaliador pode escrever livremente. O processo de aprendizagem da extração de caraterísticas é constituído pelos campos aleatórios condicionais (CRF) e pela base de regras sequenciais (LSR), que são gerados a partir de padrões sequenciais na extração de dados.

No que respeita à aprendizagem supervisionada, esta pode ser diferenciada como método de rotulagem de sequências e de classificação. A rotulagem de sequências, como os modelos ocultos de Markov (HMM) ou os campos aleatórios condicionais (CRF), é um método habitualmente aplicado ao nível da fase.

[Manek et al, 2017] investigaram o método de seleção de caraterísticas do índice de Gini com o classificador da máquina de vectores de apoio (SVM) é o método proposto para a classificação de sentimentos para o conjunto de dados de filmes.

[Poria et al, 2016] investigam a abordagem de aprendizagem profunda para a extração de caraterísticas na extração de opiniões. A extração de caraterísticas é uma subtarefa da análise de sentimentos que consiste em identificar o alvo da opinião num texto opinativo. A estrutura usa uma rede neural de convolução profunda de 7 camadas para marcar cada palavra na frase opinada como palavra de aspeto ou não aspeto. O trabalho proposto definiu padrões linguísticos para o mesmo objetivo e combinou-os com uma rede neural. O classificador de conjunto resultante, associado a um modelo de incorporação de palavras para análise de sentimentos, permitiu que a abordagem obtivesse uma precisão significativamente melhor do que os métodos mais avançados.

2.6.2 Seleção de caraterísticas

Na classificação de textos, a seleção de caraterísticas é geralmente integrada como a parte importante do tratamento do corpus de dados de treino na abordagem de aprendizagem automática. Muitos métodos de seleção são utilizados para selecionar a caraterística mais útil para reduzir a dimensionalidade da caraterística e melhorar a eficiência. [Meng, 2012 A seleção de caraterísticas pode ser vista como uma forma de ponderação, em que alguns termos podem receber um peso de zero e, por conseguinte, podem ser removidos do espaço [Turney, 2010]. Num esquema comum de seleção de caraterísticas baseado em filtros, são atribuídas pontuações únicas às caraterísticas em função do seu poder de discriminação e estas caraterísticas são ordenadas por ordem decrescente de acordo com as pontuações.

[Meng, 2012] Um método eficaz de seleção de caraterísticas é essencial para tornar as tarefas de aprendizagem eficientes e precisas. Foram propostos muitos métodos de seleção de caraterísticas, como o ganho de informação, a informação mútua, o KMest (Chi square), etc. A maior parte das técnicas utiliza o Bag-of-words para reduzir a dimensão do conjunto de caraterísticas.

[Uysal, 2016]investigaram, foi proposto um esquema melhorado de seleção global de caraterísticas (IGFSS) em que a última etapa de um esquema comum de seleção de caraterísticas é modificada a fim de obter um conjunto de caraterísticas mais representativo. Embora o conjunto de caraterísticas construído por um esquema comum de seleção de caraterísticas represente com êxito algumas das classes, um certo número de classes pode nem sequer estar representado. Por conseguinte, o IGFSS visa melhorar o desempenho de classificação dos métodos globais de seleção de caraterísticas, criando um conjunto de caraterísticas que represente quase igualmente todas as classes. Para este efeito, o IGFSS utiliza um método de seleção local de caraterísticas para rotular as caraterísticas de acordo com o seu poder discriminativo nas classes e estas etiquetas são utilizadas na produção dos conjuntos de caraterísticas. Os resultados experimentais em conjuntos de dados de referência bem conhecidos com vários classificadores indicam que o IGFSS melhora o desempenho da classificação em termos de duas métricas amplamente conhecidas, nomeadamente Micro-F1 e Macro-F1

[Jeeva et al, 2016] investigaram a seleção de caraterísticas para a análise de sentimentos utilizando o método da floresta de decisão e a análise de componentes principais (PCA) é utilizada para a redução de caraterísticas. O método proposto é avaliado usando o conjunto de dados do twitter e provou que a extração de recursos baseada em floresta de decisão proposta melhora a precisão dos classificadores na faixa de 12,49% a 62,5% quando comparada ao PCA e de 49,5% a 62,5% quando comparada à seleção de recursos baseada em árvore de decisão. Este método é aplicável a análises de produtos, deteção de emoções, transformação de conhecimentos e análise preditiva.

2.6.3 Classificação das caraterísticas

A classificação resumida do produto é uma medida importante para encontrar a classificação da polaridade. No entanto, diferentes caraterísticas do produto são importantes para diferentes clientes com base no seu padrão de utilização e requisitos. Por exemplo, um telemóvel inteligente com uma classificação geral elevada pode ter um ecrã fraco. Por conseguinte, é necessária uma classificação mais pormenorizada baseada nas caraterísticas para identificar as caraterísticas mais apreciadas e não apreciadas pelo cliente. Há várias formas de avaliar a importância de cada caraterística, atribuindo-lhe um peso. As mais populares são a frequência das caraterísticas e o TF-IDF. O conceito é que, se a caraterística é frequentemente mencionada num conjunto de dados, é uma caraterística importante e deve ser classificada numa posição elevada.

[Eirinaki et al., 2012] introduziu um motor de pesquisa de opiniões AskUs, classificando as caraterísticas de acordo com as palavras de opinião associadas. A cada caraterística é atribuída uma pontuação chamada pontuação de opinião, que é aumentada em um por cada palavra de opinião associada. As caraterísticas são classificadas com base nas suas pontuações de opinião, de modo a que a caraterística mais bem classificada seja descrita por mais palavras de opinião. O motor de pesquisa de opiniões resultou numa melhor precisão do que os métodos convencionais baseados em TF e TF-IDF

2.7 RESUMO DO CAPÍTULO

Depois de analisar a análise de sentimentos ou a extração de opiniões, é importante que as partes interessadas, como os clientes, os profissionais de marketing e os analistas de dados, tomem decisões corretas a partir dos dados disponíveis na Web. Este capítulo de revisão centra-se em várias técnicas de extração de sentimentos para tomar melhores decisões. Esta secção inclui uma revisão sobre os tipos e os vários níveis de análise de sentimentos, a extração e a seleção de caraterísticas para a classificação de caraterísticas e a classificação de sentimentos. Este capítulo motiva a conceção de um novo sistema que inclui diferentes técnicas para alcançar uma melhor precisão, bem como para melhorar o desempenho na classificação de polaridade. O capítulo seguinte propõe várias abordagens para melhorar o desempenho de um classificador na identificação da classificação da polaridade na análise das redes sociais.

Capítulo 3

Análise de sentimentos utilizando Regressão logística

CAPÍTULO-3
ANÁLISE DE SENTIMENTOS UTILIZANDO REGRESSÃO

3.1 VISÃO GERAL

No capítulo anterior, foram introduzidas diferentes abordagens para a análise de sentimentos e também foram identificadas várias lacunas na investigação. Para colmatar as lacunas e atingir o objetivo desta investigação, foi proposta uma nova abordagem neste capítulo.

A classificação de dados é uma área investigada por muitos cientistas de dados, com a procura de um conjunto de classificação de dados a continuar a crescer no futuro por uma série de razões; em primeiro lugar, para detetar comportamentos anti-sociais em linha ou utilizadores de comunidades anti-sociais que agem de forma estranha [Cheng et al, 2015]. Em segundo lugar, a classificação permite a investigação de informações sociais globais para reunir conhecimentos especiais derivados de centenas de milhões de utilizadores em todo o mundo; em terceiro lugar, para analisar os meios de comunicação gerados nas comunidades sociais, incluindo imagem, áudio, vídeo, actividades de texto e profissão. O principal objetivo da classificação de texto é identificar e atribuir a classe predefinida a uma instância selecionada, quando é dado o conjunto de treino da instância com as etiquetas da classe.

A classificação do texto em classes predefinidas pode ser reconhecida como análise de sentimento ou de polaridade, que indica o carácter emocional de um determinado conteúdo e atribui o significado de sentimento, por exemplo, positivo ou negativo. A aplicação do sentimento pode ser utilizada em quase todos os aspectos do mundo moderno, desde produtos e serviços como os cuidados de saúde, o retalho em linha, as redes sociais, os serviços financeiros e outros domínios possíveis em que os seres humanos deixam comentários [Lovelin et al, 2016].

A Web alterou muito a forma como as pessoas se exprimem e expressam as suas opiniões umas com as outras. A opinião é o núcleo de quase todas as actividades humanas porque influencia o comportamento humano. As redes sociais são um recurso enorme onde existe um grande número de opiniões de pessoas sobre todos os tipos de produtos e serviços. Torna-se uma prática comum para um cliente conhecer e aprender os gostos e desgostos dos produtos antes de os comprar; até é muito útil para os fabricantes e decisores acompanhar a opinião dos clientes sobre o seu produto para melhorar a satisfação do cliente, como [Kushal et al 2013].[Lovelin et al, 2018] Cada sítio contém um enorme volume de texto opinativo que nem sempre é facilmente analisado em blogues longos e publicações em fóruns, o que será difícil de resumir, extrair a opinião deles. A análise de sentimentos, também conhecida como extração de opiniões [Pang 2008], estuda o pensamento das pessoas e as opiniões sobre determinadas entidades.

Os comerciantes em linha utilizam fóruns que ajudam os clientes a obter críticas e a exprimir opiniões sobre o produto. Mas com milhares e milhões de comentários disponíveis sobre um produto popular, tornou-se difícil para o cliente ler todos os comentários e tomar uma decisão sensata sobre a compra do produto. No caso de o cliente ler apenas algumas das críticas, pode ser gerada uma opinião tendenciosa sobre o produto. A abordagem utilizada para resolver este problema está a ser abordada, até certo ponto, pela comunidade de investigação. Por exemplo, a Netflix e a Amazon utilizam sistemas de recomendação [Smith et al 2003]. Devido à falta de informação necessária para que o cliente tome a decisão correta de comprar o produto às cegas.

[Lovelin et al, 2016]Com o rápido desenvolvimento dos telefones inteligentes, a plataforma final mudou gradualmente do PC para os telemóveis. É mais flexível para os utilizadores comentarem através dos telemóveis. Segundo as previsões, haverá 5,6 mil milhões de utilizadores de telemóveis inteligentes até 2019, o que produzirá um fluxo de dados de 10 Exabytes (1018 bits) [Lin 2014]. À medida que os dados crescem, é difícil encontrar a visão exacta do texto e o problema torna-se muito mais complexo, pois[Lovelin et al, 2016]

- As palavras de sentimento positivo e negativo podem ter significados diferentes em domínios diferentes

- A frase que contém uma palavra de sentimento pode não exprimir qualquer sentimento
- A frase pode não conter a palavra sentimento, mas dá uma opinião.
- Alguns posts podem conter ironia e sarcasmo, mas as palavras são difíceis de resumir a opinião

O trabalho apresenta uma abordagem que lida com o desafio acima referido, gerando a análise através da identificação da deteção de subjetividade utilizando o método de regressão logística e com a caraterística do produto e dá as análises e resume a opinião do produto. Por exemplo, as avaliações de produtos de telemóveis inteligentes consistem em várias caraterísticas, como "bateria", "aplicação", "câmara", memória, etc. Além disso, o trabalho apresenta algumas análises teóricas e experimentais da abordagem proposta. A análise de sentimento proposta na revisão produz uma sumarização da opinião utilizando a regressão logística, melhorando a eficiência.

3.2 TÉCNICAS DE PRÉ-PROCESSAMENTO

O pré-processamento dos dados é uma tarefa vital para limpar e preparar o texto para classificação. Normalmente, o texto em linha contém dados inconsistentes, ruídos e incompletos, o que constitui um problema comum no conjunto de dados em tempo real. A análise do trabalho com o corpus de revisões de telemóveis inteligentes foi dividida uniformemente em dois conjuntos [Lovelin et al, 2016]. Antes de classificar o conjunto de dados, há alguns passos básicos, como a remoção de etiquetas e de informações não textuais que não são necessárias para a análise de sentimentos.

3.2.1 Decantação

Nas aplicações de extração de texto, o stemming desempenha um papel vital na etapa de pré-processamento, sendo também um requisito comum das funções de PNL. De facto, é muito importante na maioria dos sistemas de recuperação de informação. O stemming é a etapa de pré-processamento utilizada para reduzir as diferentes formas gramaticais, formas de palavras como substantivo, adjetivo, verbo, advérbio, etc., à sua forma de raiz. O principal objetivo do stemming é minimizar as variações das formas e, por vezes, as formas de derivação de uma palavra para uma forma de base comum. No processo de stemização, os afixos das palavras são reduzidos à sua raiz, ou seja, ao seu radical, e pode ser visto como um dispositivo de melhoria da memória ou da precisão. Um stemmer reduz o número de termos redundantes e aumenta a probabilidade de correspondência na comparação de documentos.

3.2.2 Etiquetagem de parte do discurso

A etiquetagem da parte do discurso é também designada por etiquetagem gramatical. O processo consiste em marcar a palavra [Lovelin et al, 2016] num texto como correspondendo a uma determinada parte do discurso, com base na sua definição e no seu contexto. Verificou-se que certas classes gramaticais, como os adjectivos e os advérbios, exprimem mais frequentemente a polaridade.

3.2.3 Palavras de paragem

As palavras de paragem são utilizadas para remover as palavras não semânticas, como artigos, preposições, conjunções e pronomes. Nas palavras de paragem, as palavras [Lovelin et al, 2016] que são filtradas antes ou depois do processamento de dados de linguagem natural são utilizadas como uma das etapas de pré-processamento para eliminar essas palavras, porque não contêm qualquer informação. Basicamente, apenas confundem o classificador e introduzem problemas.

3.2.4 Tokenização

[Lovelin et al, 2016] A tokenização consiste em dividir os sistemas de texto em termos pessoais ou tokens. Este procedimento pode assumir vários tipos, consoante a terminologia que está a ser examinada. Para o inglês, uma técnica de tokenização simples e eficaz consiste em utilizar o espaço em branco e a pontuação como delimitadores de tokens.

3.2.5 Geração do vetor de caraterísticas

As 87 caraterísticas mais representativas foram utilizadas para formar um vetor de caraterísticas a partir dos dados do corpus de análise. As 87 caraterísticas dos termos são as seguintes, como mencionado em [Lovelin et al, 2016]

['app', 'applic', 'awesom', 'bad', 'batter', 'batter', 'because', 'best', 'better', 'biggest', 'black', 'bought', 'buy', 'camera', 'charg', 'day', 'doe', 'drain', 'dure', 'earphon', 'edg', 'end', 'everyth', 'face', 'fast', 'featur', 'finger', 'free', 'galaxi', 'gb', 'goo', 'great', 'hang', 'hardware', 'heat', 'iphon', 'iss', 'just', 'life', 'like', 'long', 'look', 'lot', 'mani', 'marshmallow', 'mobile', 'month', 'need', 'nice', 'onli', 'overal', 'perform', 'phone', 'pictur', 'powerbank', 'practic', 'price', 'problem', 'problem', 'ram', 'relly', 'run', 'Samsung', 'screen', 'simplification', 'smartphone', 'sometim', 'soni', 'space', 'super', 'switch', 'tell', 'thing', 'time', 'twice', '', 'unlucky', 'update', 'use', 'veri', 'video', 'want', 'warranti', 'went', 'work', 'worst', 'wrong', 'year']

3.3 . REGRESSÃO LOGÍSTICA

A regressão logística pertence à família de classificadores conhecidos como classificadores exponenciais ou log-lineares. A regressão logística é semelhante[Lovelin et al, 2016] à Bayes ingénua, funciona obtendo um conjunto de caraterísticas ponderadas a partir dos dados de entrada, tomando logaritmos e combinando-os linearmente (o que significa que cada caraterística é multiplicada por um peso e depois somada). O classificador logístico classifica uma observação numa de duas classes, e a regressão logística multinomial é utilizada para classificar em mais de uma classe e, neste capítulo, utiliza-se por vezes a abreviatura regressão logística, mesmo que existam várias classes [Lovelin et al, 2016]. A diferença mais importante entre Bayes ingénuo e regressão logística é que a regressão logística é um classificador discriminativo, enquanto Bayes ingénuo é um classificador generativo.

Na regressão logística, a classe é escolhida através da eq.3.1 para calcular a probabilidade de cada classe e, em seguida, escolher a classe com a probabilidade máxima

$$p(c|x) = \frac{exp(\sum_{i=1}^{N} w_i f_i(c,x))}{\sum_{c' \in C}^{F} exp(\sum_{i=1}^{N} w_i f_i(c',x))} \quad \ldots.\ 3.1$$

A regressão logística difere assim na forma como estima as probabilidades, mas continua a ser como o Bayes ingénuo, sendo um classificador linear. A função logística avalia a classe *p(y\x)* obtendo um conjunto de caraterísticas da entrada, combinando-as linearmente (multiplicando cada caraterística por um peso e somando-as) e aplicando depois uma função a esta combinação

Na classificação de textos, o valor do vetor é atribuído à classe de sentimento como +, - ou 0 (neutro) a um documento. Há cinco caraterísticas potenciais, representando que o documento x contém a palavra *super* e a classe é + (f1), contém a palavra segunda taxa e a classe é + (f2), e contém a palavra *pobre* e a classe é - (f3), como na equação 3.2.

$$f1(c,x) = \{ \begin{matrix} 1\ if\ \text{"great"} \in x, c = + \\ 0\ otherwise \end{matrix}$$

$$f2(c,x) = \{ \begin{matrix} 1\ if\ \text{"gsecond-rate"} \in x, c = - \\ 0\ otherwise \end{matrix}$$

$$f3(c,x) = \{ \begin{matrix} 1\ if\ \text{"no"} \in x, c = - \\ 0\ otherwise \end{matrix}$$

$$f4(c,x) = \{ \begin{matrix} 1\ if\ \text{"enjoy"} \in x, c = - \\ 0\ otherwise \end{matrix} \quad \ldots.\ 3.2$$

Cada uma destas caraterísticas tem um peso correspondente, que pode ser positivo ou negativo. O peso w1(x) indica a força de great como uma pista para a classe +, w2(x) e w3(x) a força de second-rate e no para a classe -. Os pesos seriam provavelmente positivos ou, logicamente, palavras negativas como no ou nothing têm maior probabilidade de ocorrer em documentos com sentimento negativo [Pott 2011]. O peso w4(x), a força de enjoy para -, teria provavelmente um peso negativo.

3.3.1 Função logística

A função logística utiliza várias hipóteses de classe que tentam prever a probabilidade de um dado exemplo pertencer à classe "1" versus a probabilidade de pertencer à classe "0". Especificamente, obteve-se a função nas equações 3.3 e 3.4.

$$P(y=1|x)h_{\theta}(x)=\frac{1}{1+\exp(-\theta^{T}x)}\equiv\sigma(\theta^{T}x), \quad ....3.3$$

$$P(y=0|x)=1-P(y=1|x)=1-h_{\theta}(x) \quad ....3.4$$

A função logística ou função sigmoide [Lovelin et al, 2016] é o coração da técnica de regressão logística e é definida da seguinte forma na equação 3.5.

$$g(z)=\frac{1}{1+e^{-z}} \quad ....3.5$$

é uma função em forma de S que "esmaga" o valor de *θTx* no intervalo [0, 1] para que possamos interpretar *hd*(*x*) como uma probabilidade. O nosso objetivo é procurar um valor de *θ* de modo a que a probabilidade *P*(*y*=*1*|*x*)=*hd*(*x*) seja grande quando *x* pertence à classe "1" e pequena quando *x* pertence à classe "0" (de modo a que *P*(*y*=*0*|*x*) seja grande). Para um conjunto de exemplos de treino com rótulos binários {(*x*(*i*), *y*(*i*)):*i*=*1*, ., *m*}, a seguinte função de custo mede a eficácia de um determinado *hd*[Lovelin et al, 2016] Aqui, *e* é a constante numérica, *ou seja*, o número de Euler e z é uma entrada para a função logística. A figura 3.1 mostra a função logística ou função sigmoide.

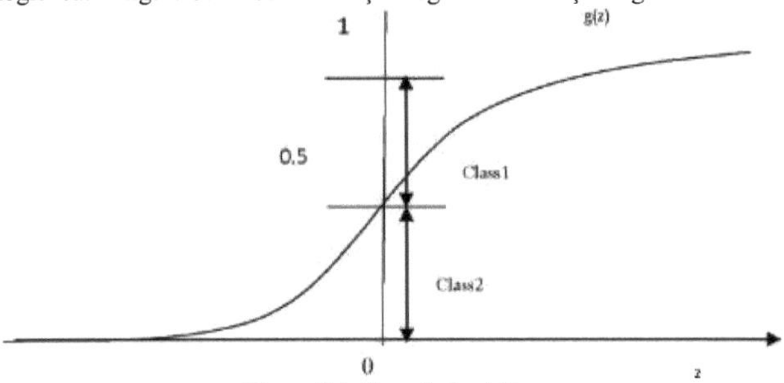

Figura 3.1: Função logística

3.3.2 Modelo de regressão logística

A regressão logística é utilizada para ajustar o modelo de previsão e classificar as avaliações de produtos em opiniões positivas ou negativas. Aqui, a probabilidade superior a 0,5 é tratada como positiva e a probabilidade inferior ou igual a 0,5 é tratada como opinião negativa. Na análise de sentimentos, a polaridade de muitas palavras é específica do domínio e do contexto. Por exemplo, a palavra "long" é considerada positiva em "long battery life", mas negativa em "long shutter lag". A exclusão de tais expressões pode levar a uma fraca cobertura, enquanto a sua marcação com a tendência geral de polaridade pode levar a uma fraca precisão. [J. Fang et al 2011] mostraram que a identificação de léxicos específicos do domínio conduz a uma melhoria significativa. Para cada frase da crítica, tenta-se identificar o aspeto do produto discutido e, em seguida, o sentimento associado. O corpus de treino utilizado é tal que cada recensão é anotada com um aspeto, bem como com o sentimento associado com regressão logística.

A regressão logística pertence à família de classificadores conhecidos como classificadores exponenciais ou log-lineares. Tal como o Naive Bayes, funciona extraindo um conjunto de caraterísticas ponderadas da entrada, tomando logaritmos e combinando-os linearmente. Cientificamente, a regressão logística refere-se a um classificador que classifica uma observação numa das duas classes. A diferença mais importante entre o Bayes ingénuo e a regressão logística é que a regressão logística é um classificador discriminativo, enquanto o Bayes ingénuo é um classificador generativo.

3.4 METODOLOGIA PROPOSTA

Foi estabelecido um modelo de fluxo de trabalho para o processamento de revisões, comparando-o com os classificadores Naive Bayes, Random Forest, Decision Tree, Support Vetor Machine e Logistic Regression. O sistema proposto implementa o método de classificação de regressão logística, porque ainda é utilizado em tarefas práticas como um dos métodos de classificação mais exactos.

A classificação da polaridade é a tarefa mais clássica da análise de sentimentos que tem por objetivo classificar as críticas em positivas ou negativas. O trabalho descreve o número de comentários positivos e negativos do total de comentários retirados do conjunto de dados de telemóveis inteligentes do mesmo produto, mas para duas versões diferentes. Em primeiro lugar, o conjunto de dados foi recolhido do sítio Web gsmaren para os modelos de telemóveis Samsung, que contém 3700 dados, respetivamente, a figura seguinte apresenta uma amostra dos dados recolhidos. Depois de os dados serem recolhidos do sítio Web, são anotados manualmente, quer se trate de críticas positivas ou negativas. A tabela 1 mostra as críticas positivas e negativas [Lovelin et al, 2016]. O diagrama de blocos da abordagem proposta é apresentado na figura 3.2. o fluxo de trabalho para obter o número total de avaliações positivas e negativas do total de avaliações para recomendar o produto a comprar.

3.4.1 FLUXO DE TRABALHO PROPOSTO PARA O SALR

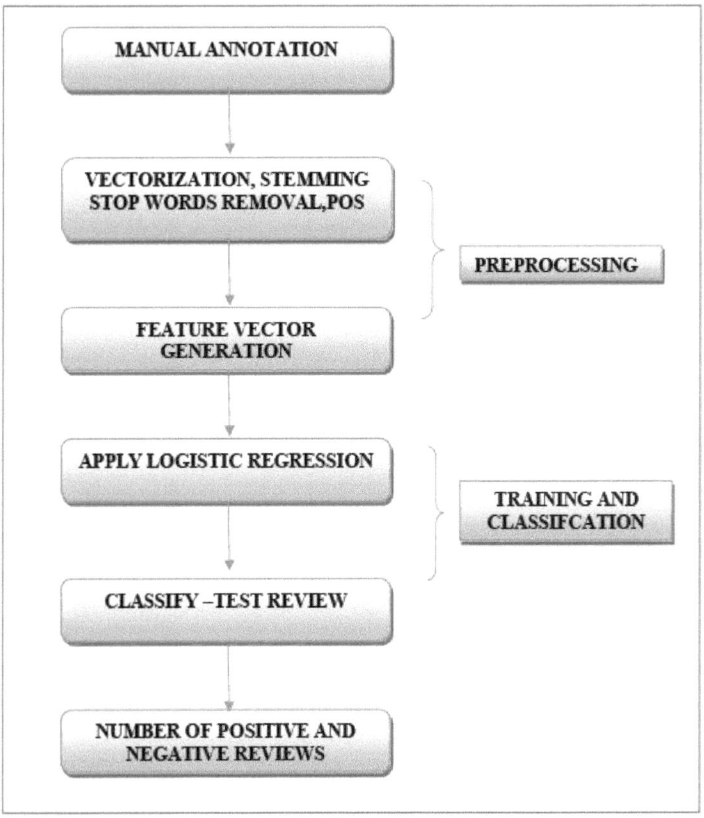

ANOTAÇÃO MANUAL

VECTORIZAÇÃO, STEMMING

REMOÇÃO DE PALAVRAS DE PARAGEM,POS

VECTOR DE CARACTERÍSTICAS

GERAÇÃO

APLICAR A REGRESSÃO LOGÍSTICA

CLASSIFICAR -TESTAR REVISÃO

NÚMERO DE RESULTADOS POSITIVOS E

CRÍTICAS NEGATIVAS

PREPROCESSAMENTO

FORMAÇÃO E

CLASSIFICAÇÃO

Figura 3.2: Abordagem proposta para a classificação da polaridade utilizando o modelo LR

3.4.1.1 ETAPAS PROCESSUAIS DO ALGORITMO SALR

Input: R= {r1,r2......rn} reviews collected from web in text format

Output: Number of positive and negative sentence

Steps:
1. Document D spitted into sentence R
2. For each R pre-process technique is applied
3. Each positive sentence the vector value is assigned as 1 for negative sentence -1
4. Store and label the training set separately
5. LR classifier is applied in test data
6. Calculate the number of positive and negative for given R
7. Repeat step 2 to 5 for given test data

Figura 3.3: Fluxo processual do sistema SALR

3.4.2 RESULTADOS EXPERIMENTAIS E DISCUSSÃO

O trabalho proposto foi implementado com python, uma linguagem de programação orientada para objectos criada por Guido Rossum em 1989. Python é amplamente utilizada em Inteligência Artificial, Geração de Linguagem Natural, Redes Neurais e outros campos avançados da Ciência da Computação. O conjunto de dados recolhido é constituído pelas críticas de produtos e é aplicada a análise de sentimentos com classificadores tradicionais. O corpus é anotado manualmente e são atribuídos valores vectoriais a positivo e negativo como 1 e 0. O conjunto de dados treinado é rotulado como classe e texto. A tabela 3.1 mostra o número de críticas recolhidas, o número de frases extraídas e o número de frases de opinião geradas.

Tabela 3.1: Detalhes dos corpora

Corpus	Detalhes colectivos para os produtos
Comentários	1200
Frases	800
Sentença opinativa	700

A figura 3.4 representa o ambiente python para implementar o sistema SALR.

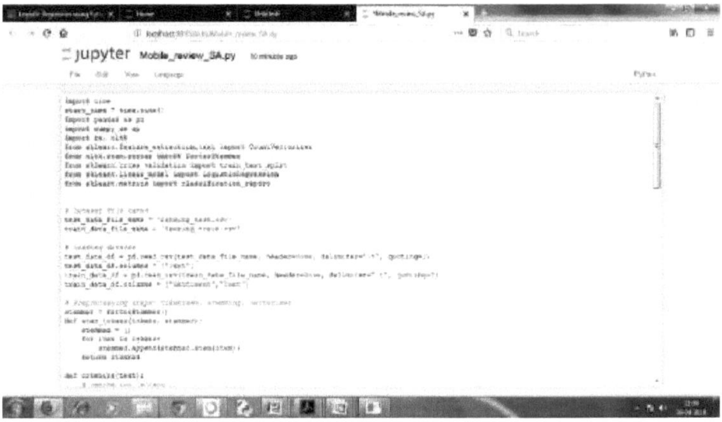

Figura 3.4: Ambiente de trabalho na RAL

O algoritmo é aplicado no domínio fechado da análise de produtos móveis. Cálculo dos resultados a partir do conjunto de dados criado para ser utilizado como casos de teste. A precisão, a recuperação e a exatidão são calculadas da seguinte forma.

Precisão =Tp+Tn/Tp + Tn +Fp+Fn

Os rácios de precisão e de recuperação para positivo e negativo são calculados da seguinte forma.

Precisão (positiva)=Tp/Tp+Fp   Recuperação (positiva)=Tp/Tp+Fn

Precisão (negativa)=Tn/Fn+Tn   Recuperação (negativa)=Tn/Fp+Tn

Tabela 3.2: Desempenho em várias métricas para o algoritmo tradicional e o algoritmo SALR

Método	Exatidão	Precisão	Recall
NavieBayes	84.02	83.21	83.89
SVM	80.03	82.89	81.98
SALR	80.79	82.91	80.99

A Tabela 3.2 mostra as medidas de desempenho do naviebayes, do classificador baseado em SVM e do trabalho SALR proposto, respetivamente, em termos de precisão, recuperação e exatidão. A Figura 3.5 representa a precisão, a recuperação e a exatidão dos vários classificadores.

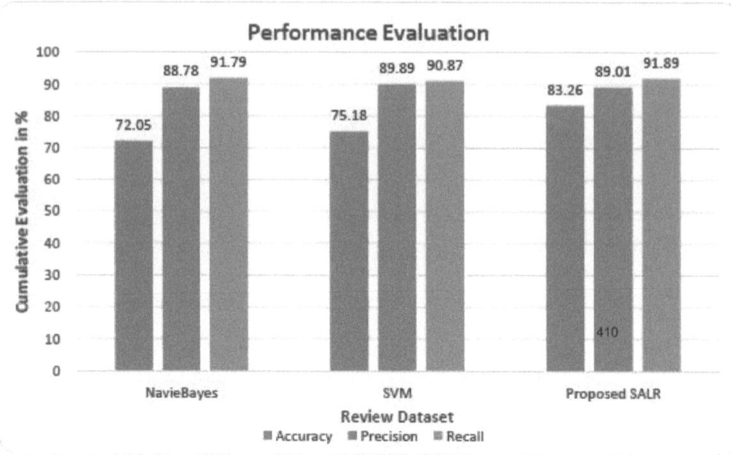

Figura 3.5: Avaliações cumulativas de desempenho dos classificadores

A Tabela 3.3 mostra a classificação da polaridade das críticas e o tempo de execução dos respectivos classificadores. A Figura 3.6 mostra a representação gráfica da classificação da polaridade, respetivamente.

Tabela 3.3 Classificação da polaridade no conjunto de dados de revisão

Método	Positivo	Negativo
NavieBayes	330	220
SVM	376	280
SALR	410	300

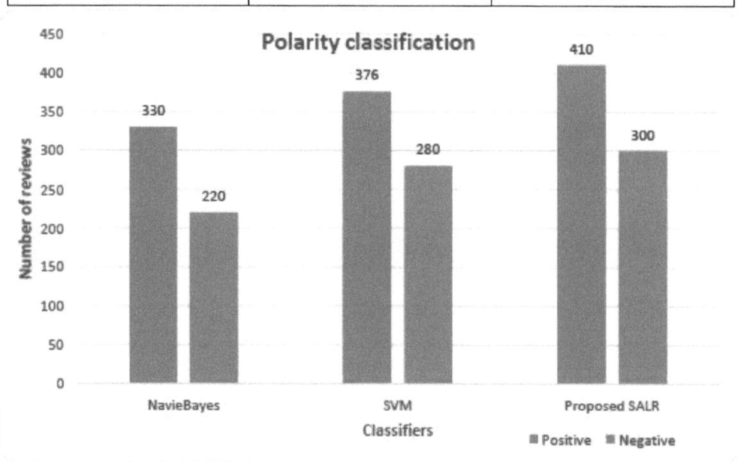

Figura 3.6: Número total de avaliações positivas e negativas

O algoritmo compara diferentes conjuntos de dados para classificar o sentimento a partir do conjunto de dados fornecido e identifica a polaridade. Como se pode ver na Tabela 3.4, a opinião dos clientes sobre os telemóveis Samsung e sobre a sua série é a de que o S7 tem mais opiniões positivas, com um total de 837 opiniões positivas, respetivamente. 776 opiniões positivas de utilizadores sobre o S5 e 418 opiniões positivas sobre o S6 foram obtidas a partir de um total de 2961 opiniões de clientes em linha.

Em comparação com o S5 e o S6, as opiniões positivas sobre o S7 são o modelo mais apreciado entre os telemóveis Samsung. Do mesmo modo, as avaliações negativas contam com 377, 322 e 231, respetivamente, como mostra a tabela 3.4. A Figura 3.7 ilustra as avaliações positivas e negativas de diferentes telemóveis.

Tabela 3.4. Comentários sobre o produto e as suas polaridades

Sentimento	Número de avaliações	Positivo	Negativo
Samsung S5	1007	776	231
Samsung S6	740	418	322
Samsung S7	1214	837	377

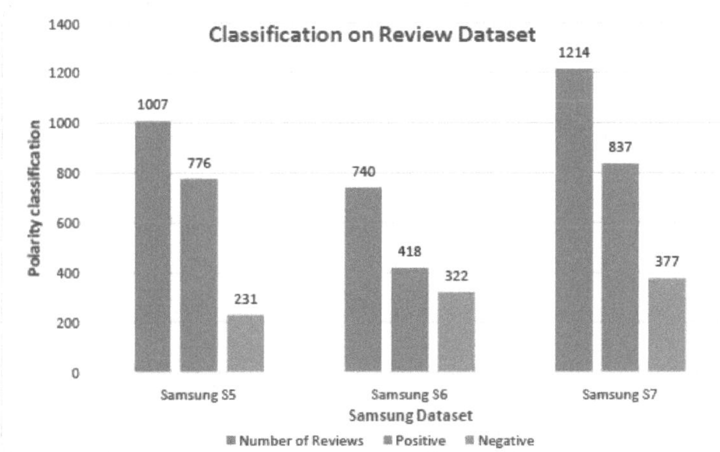

Figura 3.7: Avaliações positivas e negativas de diferentes telemóveis

3.5 RESUMO DO CAPÍTULO

Neste capítulo, o algoritmo proposto foi utilizado para encontrar a frase opinada de uma forma eficiente. O resultado da classificação gerado pelo algoritmo SALR é comparado com os algoritmos de classificação tradicionais como o NB e o SVM. O trabalho proposto utiliza um método de classificação de texto para encontrar a frase objetiva e subjectiva das críticas com técnicas de pré-processamento adequadas. O trabalho assegura a classificação dos dados com termos gerais ou caraterísticas que, em termos de palavras positivas e negativas, são geradas a partir do conjunto de treino. Os resultados experimentais mostram que a técnica proposta produz melhores resultados do que os algoritmos tradicionais. Este trabalho é ainda alargado para classificar as revisões com base nas caraterísticas do produto.

Capítulo 4

Sentimento reforçado Análise da abordagem baseada em caraterísticas

CAPÍTULO-4
ANÁLISE DE SENTIMENTOS BASEADA EM CARACTERÍSTICAS PARA MELHORAR A CLASSIFICAÇÃO

4.1 VISÃO GERAL

A tecnologia da Internet não só aproximou as pessoas, ligando-as em sítios de redes sociais, como também desempenhou um papel importante na expansão do comércio eletrónico. A Amazon, a Eopinion, etc. não só vendem os produtos em linha, como também fornecem uma plataforma onde o cliente pode publicar as suas opiniões sobre os produtos [Siva rajah et al, 2015]. A investigação mostra que as opiniões dos clientes sobre os produtos em linha não só têm um impacto significativo na decisão de compra em linha dos clientes, como também são úteis para os fabricantes melhorarem a conceção e a qualidade dos produtos e para os retalhistas em linha melhorarem os seus serviços [Eirin et al, 2012].

Por vezes, as críticas longas dificultam a leitura integral da crítica por parte dos clientes em linha para tomarem a decisão de comprar ou não o produto. Outro problema frequentemente citado em muitos estudos diz respeito às preferências dos clientes relativamente às diferentes caraterísticas dos produtos. Este facto leva a que uma determinada avaliação, embora possa ser descritiva, possa não ser útil para um cliente que esteja à procura de caraterísticas não mencionadas nessa avaliação. Existem muito poucas plataformas de avaliação em linha que se preocupam em organizar as avaliações de uma forma que seja orientada para as caraterísticas e que seja amiga do cliente.

Todos os produtos têm uma caraterística, e algumas destas caraterísticas de um produto são importantes e outras podem passar despercebidas, e como mencionado em[Lovelin et al, 2018] estas caraterísticas importantes de um produto desempenham um papel dinâmico na tomada de decisões para comprar ou não o produto. Por conseguinte, a identificação destas caraterísticas importantes de um produto e a sua classificação

A escolha do conjunto de caraterísticas para a análise de sentimentos é da maior importância, pois tem um forte impacto no resultado da avaliação. A escolha do melhor conjunto de caraterísticas para a análise de sentimentos tem a maior importância, uma vez que tem um forte impacto no resultado da avaliação. O termo caraterística pode ser utilizado indistintamente com aspeto. Uma caraterística é um atributo de um produto que é do interesse do cliente.

É difícil tomar uma decisão sobre a compra de um produto a partir de um grande número de opiniões. Ao mesmo tempo, uma grande quantidade de críticas também torna difícil para o industrial manter um registo da opinião dos clientes [Manvee et al, 2015]. A análise de sentimentos tende a extrair informações subjectivas necessárias para os materiais de origem, aplicando o conceito natural de processamento de linguagem natural [Pang et al, 2002].

[Yadav et al, 2015] A principal tarefa consiste em identificar se a opinião expressa é positiva ou negativa. Uma vez que os clientes normalmente não exprimem as suas opiniões de forma simples, por vezes torna-se uma tarefa fastidiosa julgar uma opinião expressa. Algumas opiniões são comparativas, enquanto outras são diretas. A análise sentimental ajuda o cliente a visualizar a satisfação durante a compra através da simples sumarização destas opiniões em positivas ou negativas em [Yadav et al, 2015] duas classes classificadas mais amplas. Os comentários são utilizados principalmente para ajudar os clientes a comprar em linha e para conhecer as tendências actuais do mercado em relação aos produtos, o que é útil para os comerciantes desenvolverem estratégias de mercado.

Nos últimos anos, existem muitos sítios Web disponíveis para compras em linha, por exemplo, ebay.com, amazon.com, shoppers.com, snapdeal.com, flipcart.com, etc. [Lovelin et al, 2018]. Muitos sítios Web de marketing inspiram os clientes a escrever críticas para exprimir as suas opiniões sobre várias caraterísticas dos produtos [Liu, 2012]. Um grande número de críticas está facilmente disponível em linha e aumenta cada vez mais a confiança nos produtos disponíveis para compras em linha. [Lovelin et al, 2018] No entanto, as avaliações são muitas vezes desorganizadas, o que leva a dificuldades na navegação da informação e na aquisição de conhecimentos [**Santhana et al, 2017**]. A caraterística do produto não é mais do que a caraterística do produto que se refere ao componente ou atributo de determinado produto. Um exemplo de avaliação *"a bateria de reserva da Samsung é fantástica"* revela uma opinião positiva sobre a caraterística da bateria de reserva da Samsung.

Existem vários fóruns em linha para que os consumidores possam publicar as suas opiniões sobre milhões de produtos. Muitas críticas contêm conhecimentos completos e tornaram-se um recurso valioso tanto para os clientes como para as empresas, que são úteis para os consumidores tomarem decisões de compra. Os consumidores procuram habitualmente informações de qualidade, a partir das quais podem tomar mais cedo a sua decisão de compra de produtos, desenvolver e comercializar produtos e gerir as relações com os consumidores [**Ronen et al, 2013**].

Geralmente, o produto pode ter muitas caraterísticas, dependendo da marca do produto. Por exemplo, os telemóveis têm muitas caraterísticas, tais como "bateria de reserva", "qualidade da câmara", "design", "velocidade", "ecrã", sendo que algumas caraterísticas têm uma forte influência na tomada de decisões dos clientes, bem como no desenvolvimento de produtos pelas empresas [**Santhana et al, 2017**]. Por conseguinte, a identificação de caraterísticas importantes do produto melhorará a facilidade de utilização de várias análises e beneficiará tanto os consumidores como as empresas. O consumidor pode facilmente tomar uma decisão de compra sensata, dando mais atenção às caraterísticas significativas, enquanto as empresas podem concentrar-se em melhorar a qualidade dessas caraterísticas e, assim, melhorar efetivamente a marca do produto [**Tierney et al, 2009**].

[Lovelin et al, 2018]É uma tarefa complexa recuperar a identificação das principais caraterísticas do produto a partir de numerosas revisões, também é bastante difícil identificar as principais caraterísticas das revisões textuais escritas pelos consumidores [**Zheng** et al, 2017]. Por conseguinte, é muito necessária uma abordagem para identificar automaticamente as caraterísticas importantes. Uma solução simples baseada na frequência considera as caraterísticas que são frequentemente comentadas nas avaliações dos consumidores como caraterísticas importantes [**Chetan, 2015**]. Assim, as opiniões dos consumidores sobre as caraterísticas frequentes podem não determinar as suas opiniões gerais sobre o produto e não influenciam as suas decisões de compra [**O. Etzioni et al**, 2005]. Por exemplo, a maioria dos consumidores comenta frequentemente que *"a ligação do sinal do iPhone4 é má"*, mas, mesmo assim, podem dar uma classificação geral elevada ao iPhone4. Em contrapartida, algumas caraterísticas como o "design" e a "velocidade" podem não ser comentadas com frequência, mas são geralmente mais importantes do que a "ligação do sinal". Por conseguinte, a solução baseada na frequência não é capaz de identificar as caraterísticas verdadeiramente importantes [**F. Li et al, 2010**].

4.2 EXPLORAÇÃO DE COMENTÁRIOS DE CLIENTES

Os dados relativos ao feedback dos clientes estão facilmente disponíveis, uma vez que as pessoas tendem cada vez mais a partilhar os seus pontos de vista, opiniões e experiências em linha. Para as empresas ou os investigadores de mercado, esse feedback genuíno dos clientes representa uma fonte de informação extremamente valiosa. No entanto, os dados não são normalmente estruturados, pelo que são necessárias abordagens de extração de texto para identificar e interpretar as informações relevantes. Entre as diversas fontes e tipos de comentários de clientes em linha (por exemplo, sob a forma de entradas em blogues, comentários em redes sociais, publicações em painéis de mensagens), as opiniões de clientes em linha representam naturalmente um recurso muito valioso. A aplicação de técnicas de análise de sentimentos para analisar e resumir este tipo específico de dados é designada por extração de opiniões de clientes.

4.2.1 Fontes das críticas em linha

Uma crítica em linha é um fragmento de texto que está publicamente disponível na Web e que tem como principal objetivo avaliar uma entidade avaliável (por exemplo, um produto ou serviço). As fontes de críticas em linha são múltiplas. Em seguida, descrevemos as três fontes mais populares, nomeadamente sítios de críticas, sítios de compras em linha e registos da Web.

Sítio de críticas: O objetivo dos sítios de críticas é reunir e publicar críticas num único local. As resenhas podem ser da autoria de críticos profissionais (por exemplo, http://reviews. cnet.com) ou as resenhas baseiam-se em conteúdo gerado pelo utilizador - ou seja, baseiam-se em experiências genuínas dos clientes (por exemplo, http://www.buzzillions.com). O primeiro tipo é designado por sítio de análise de peritos e o segundo por sítio de análise de consumidores ou clientes. Os sítios de críticas podem ainda distinguir-se pelo seu âmbito. Alguns sítios recolhem críticas apenas para um único tipo de produto (por exemplo, câmaras digitais: http://www.dpreview.com), outros centram-se num tópico específico (por exemplo, viagens: http://www.tripadvisor.com) e outros são mais genéricos (por exemplo, http: //www.epinions.com).

Sítio de compras em linha: É agora prática comum que os sítios de comércio eletrónico permitam aos utilizadores avaliar os artigos que oferecem na sua loja. A principal motivação para esta integração das críticas em linha é melhorar a "experiência de compra" global e, assim, atrair mais clientes. Exemplos proeminentes são os retalhistas em linha Amazon.com e Ebay.com, que disponibilizam milhões de críticas de clientes nos seus sítios Web. Os sítios de compras em linha publicam normalmente críticas de consumidores (em vez de críticas de especialistas).

Registo na Web: A "blogosfera" representa outra fonte de críticas publicamente disponíveis. Os bloguistas comentam os seus produtos recentemente adquiridos (por exemplo, um telemóvel), uma experiência recente com algum tipo de serviço (por exemplo, um restaurante ou um hotel) ou uma marca em geral. Para além dos blogues pessoais, que podem ocasionalmente conter publicações semelhantes a críticas, existem blogues especializados em críticas, ao passo que os blogues pessoais representam normalmente opiniões genuínas dos consumidores; os blogues especializados são mais frequentemente da autoria de críticos profissionais.

4.3 TAREFA NA EXTRACÇÃO DE AVALIAÇÕES DE CLIENTES

Uma palavra de opinião é um termo utilizado para referir uma palavra que normalmente qualifica um objeto ou um atributo desse objeto. Uma frase de opinião é uma frase que contém pelo menos uma referência ao objeto e inclui também uma ou mais palavras de opinião. A frase *"Comprei esta máquina fotográfica no ano passado. Desde então, estou satisfeito com a sua qualidade de imagem"*. Neste caso, a primeira frase não é analisada, uma vez que não foi encontrada nenhuma palavra de opinião, ao passo que a segunda frase satisfaz as definições de frase de opinião, uma vez que feliz é uma palavra de opinião e qualidade de imagem é uma caraterística da câmara. Assim, a avaliação dos clientes pode ser classificada da seguinte forma para fazer uma classificação significativa.

Classificação de revisões: Esta tarefa corresponde diretamente à tarefa de classificação da polaridade do sentimento. O objetivo da classificação de críticas é determinar o tom geral de uma crítica. Na sua forma mais simples, o objetivo da tarefa refere-se à classificação binária com as duas classes "recomendado" versus "não recomendado". A classificação de resenhas opera no nível do documento e pode, portanto, ser considerada como uma instância de categorização de texto. A classificação de críticas é, na maior parte das vezes, irrelevante quando se analisam críticas de clientes de compras em linha ou de sítios de críticas dedicados. A informação necessária é simplesmente fornecida como metadados e pode ser extraída do sítio Web ou está mesmo disponível através de uma interface de programação de aplicações

Identificação de revisões: O objetivo da identificação de revisões é determinar se um determinado documento é ou não uma revisão. Naturalmente, só é relevante quando se trabalha com fontes em que não se sabe se um documento é uma recensão. Normalmente, envolve subtarefas como a classificação da subjetividade (as recensões são, por si só, subjectivas) e a classificação pela estrutura do sítio (as recensões apresentam formatos comuns). Pode ainda envolver a subtarefa de detetar a identidade do produto ou serviço que é analisado num documento. Há alguns sítios dedicados a críticas que fornecem essa informação como metadados, noutros sítios a mesma informação tem de ser extraída do texto. [Barbosa et al, 2004]. Assim, o formato das resenhas é categorizado de três maneiras, conforme discutido na revisão da literatura.

4.4 METODOLOGIA PROPOSTA

O trabalho visa melhorar a precisão e simplificar a tarefa de mineração, classificando o recurso para telefones celulares, que determinam automaticamente os principais recursos dos telefones celulares a partir de avaliações de consumidores on-line. O sistema proposto visa melhorar [Lovelin et al, 2018] a usabilidade das inúmeras avaliações e classificá-las de tal forma que os clientes achem fácil comprar o produto. Estas caraterísticas são identificadas utilizando caraterísticas vitais geralmente comentadas por muitos clientes e as suas opiniões sobre a forma como estas caraterísticas influenciam grandemente o produto. O sistema classifica as críticas com base nas caraterísticas e, em seguida, as caraterísticas são ordenadas com um algoritmo de classificação de probabilidades.

A investigação é efectuada da seguinte forma: Em primeiro lugar, o conjunto de opiniões dos clientes sobre o produto é extraído da Web. Essas opiniões dos clientes são analisadas semanticamente da seguinte forma (i) Extração de caraterísticas específicas do domínio do produto vendido em linha a partir das opiniões dos clientes.(ii) Identificação de frases de opinião e extração das palavras de opinião correspondentes. A orientação positiva ou negativa de cada palavra de opinião é analisada. Por fim, a frequência de cada caraterística é identificada e classificada de acordo com a sua frequência e resumida com as suas frases de opinião.

A estrutura de classificação de caraterísticas do produto começa com uma visão geral dos três componentes principais [Lovelin et al, 2018] que serão a identificação de caraterísticas do produto, a classificação de sentimentos nas caraterísticas e a classificação probabilística de caraterísticas. Em primeiro lugar, reconhecer as caraterísticas do produto a partir das avaliações dos consumidores e, em seguida, examinar as avaliações dos consumidores sobre as caraterísticas, fazendo uso do classificador de sentimento.

O objetivo da extração de opiniões com base em caraterísticas é identificar as caraterísticas de um produto que foram comentadas pelo detentor da opinião, determinar a polaridade da opinião e, finalmente, resumir a opinião geral sobre o produto. Um modelo composto por um objeto O e um conjunto de opiniões sobre o objeto O pode ser definido como [Liu 2008] opinião baseada em caraterísticas. Um objeto O é descrito com um conjunto finito de caraterísticas, F= {fl, f2, , fn}, que inclui o próprio objeto. Cada caraterística fi ε F pode ser expressa com um conjunto finito de palavras ou frases de opinião. A primeira tarefa no quadro proposto é extrair a frase de opinião baseada na caraterística comentada pelo detentor da opinião. O principal objetivo da identificação de caraterísticas é diminuir a dimensionalidade do espaço de caraterísticas, facilitando assim a parte computacional.

4.4.1 Identificação da caraterística do produto

As avaliações dos clientes incluem geralmente avaliações de prós e contras, avaliações de texto livre, classificações, avaliações gerais, etc. Como vários pesquisadores e estudiosos experimentaram vários métodos de seleção de recursos para melhorar a classificação de sentimentos [Pang et al, 2002]. Várias combinações de abordagem de seleção de recursos aplicadas ao aprendizado de máquina como n-grama, unigramas, bigramas usadas para aumentar a precisão da classificação de sentimentos. A abordagem proposta funciona com todos os tipos de revisões [Lovelin et al, 2018]. No caso das avaliações de texto livre, primeiro divide-se as avaliações em frases e divide-se cada frase em palavras, a abordagem utiliza unigramas e bigramas, [Lovelin et al, 2018] e, em seguida, os termos substantivos frequentes são refinados e agrupados. No caso das avaliações de prós e contras, as caraterísticas são representadas num vocabulário para identificar as caraterísticas do produto a partir de avaliações de texto livre e utilizar cada caraterística para determinar a máquina de vectores de apoio (SVM). A SVM é utilizada para identificar os termos substantivos.

4.4.2 Classificação de sentimentos sobre caraterísticas do produto

Após a recolha das caraterísticas do produto a partir do conjunto de treino, é aplicado um algoritmo ao conjunto de treino para aprender a caraterística. Após a identificação das caraterísticas do produto, o conjunto de dados de treino é aplicado para classificar a polaridade [Lovelin et al, 2018] com base nas caraterísticas do produto e também as avaliações são classificadas nas suas polaridades como positivas e negativas. Os métodos de aprendizagem supervisionada treinam um classificador de sentimentos com base na quantidade de treino. O classificador é então utilizado para prever o sentimento em cada caraterística. As críticas são classificadas utilizando muitos modelos de classificação baseados na aprendizagem, como o Support Vetor Machine (SVM) e o Naive Bayes.

4.4.3 Algoritmo de classificação das caraterísticas dos produtos

Por último, o algoritmo de classificação de caraterísticas do produto é utilizado para detetar as caraterísticas significativas de um produto a partir do número de comentários de clientes. A seleção de caraterísticas é um problema fundamental em muitas áreas diferentes, especialmente na previsão, classificação de documentos, bioinformática e reconhecimento de objectos ou na modelação de processos tecnológicos complexos. Nestas aplicações, não é possível dispor de conjuntos de dados com milhares de caraterísticas. Todas as caraterísticas podem ser importantes para alguns problemas, mas para alguns conceitos-alvo, apenas um pequeno subconjunto.

[Lovelin et al, 2018] A opinião numa avaliação é uma coleção de expressões dadas a caraterísticas específicas na avaliação. A fim de tomar decisões de compra pelos consumidores com base nas caraterísticas que são frequentemente comentadas pelo consumidor, as opiniões do consumidor sobre as caraterísticas específicas do produto influenciam as opiniões gerais do produto. Há várias caraterísticas que são comentadas e a pontuação de importância é calculada com o algoritmo Probabilistic Feature Ranking Algorithm. Os comentários sobre as caraterísticas importantes têm um forte efeito na opinião geral.

Para obter esta opinião geral, o quadro proposto calcula a classificação geral ou, em cada avaliação, r é gerado a partir da soma ponderada das opiniões sobre uma determinada caraterística, como na equação 4.1.

$$\sum_{k=1}^{m} w_{rk}\, o_{rk} \qquad \ldots\ldots 4.1$$

[Lovelin et al, 2018] Em que w_{rk} é o peso, então, da opinião sobre a caraterística a_k e o_{rk} é a opinião sobre a caraterística a_k. Um w_{rk} maior significa que a_k é mais importante e vice-versa. w_r é um vetor de pesos e o_r é um vetor de opinião sobre uma caraterística específica. As classificações globais são geradas pela distribuição gaussiana e as probabilidades são geradas. {W }|ᴿ| e {μ, Σ, σ^2} são parâmetros do modelo. Enquanto {μ, Σ, a^2}pode ser calculado a partir de r r=l
corpus de revisão R= {n, ɐ | Я|} utilizando a máxima verosimilhança.

W_r na revisão r pode ser optimizado através da estimativa da máxima posterioridade (MAP). W_r e $\{\mu, \Sigma, \sigma^2\}$ optimizados a partir das equações 4.2 e 4.3.

$$W_r = \left(\frac{O_r \bar{\delta}}{\sigma^2} + \Sigma^{-1}\right)^{-1} \left(\frac{O_r O_r}{\sigma^2} + \Sigma^{-1} \mu\right) \qquad \text{..... 4.2}$$

Otimização de $\{\mu, \Sigma, \sigma 2\}$ dado W_r

$$\bar{\sigma} = \frac{1}{|R|} \sum_{r \in R} (O_r - W_r^T)^2 \qquad \text{..... 4.3}$$

4.5 ARQUITECTURA PROPOSTA PARA O ALGORITMO EPARBF

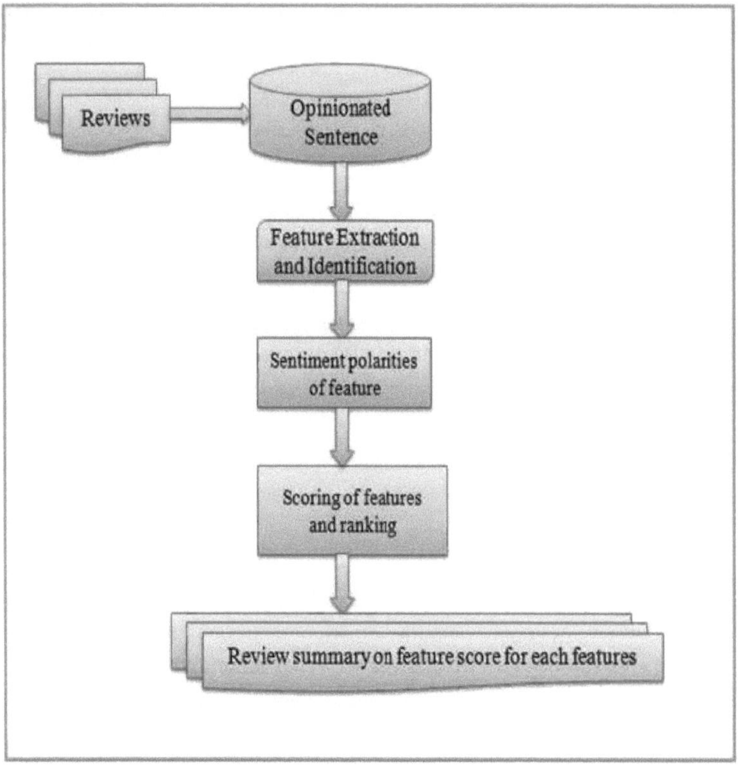

Figura 4.1: Representação da arquitetura do algoritmo EPARBF

4.5.1 ALGORITMO EPARBF PROPOSTO

Algoritmo: Algoritmo EPARBF

Entrada : Corpus de resenhas de consumidores R, cada resenha r ε R está associada a uma classificação geral Ou

e um vetor de opiniões Ou sobre caraterísticas específicas.

Resultado: Pontuação da importância H¿para todas as m caraterísticas.

1. *Obter o número de comentários*
2. *Criar F= {fi.....fn} nas revisões.*
3. *para cadaf em F={fi.....f_n} do*

4. *enquanto não convergiu do*

Atualizar de acordo com a Equação (1);

Atualizar (μ, Σ, σ^2} *de acordo com a Equação (2); Fim enquanto*

5. *Calcular as pontuações de importância das caraterísticas* \ ^{m}k i= | = 1.
6. *Calcular o peso de cada caraterística*
7. *Classificar as caraterísticas com base na frequência*
8. *P<-find Polarity (P[f])*
9. *{(f oi, oj }<-Output Tuples(P(fp: R*
10. *tfidfi, j=tfi, j*idfi*
11. *aplicar<-classificador*
12. *Calcular T(SA) é a pontuação total de cada caraterística*

4.5.2 Medidas de desempenho do algoritmo EPARBF

O quadro proposto está dividido em três módulos. Três módulos são concluídos com êxito e dão o resultado desejado. O primeiro módulo do sistema proposto é a identificação de caraterísticas do produto, em que as avaliações do consumidor são introduzidas neste módulo e a saída do sistema são caraterísticas identificadas [Lovelin et al, 2018]. O segundo módulo é a classificação do sentimento usando o classificador SVM com base nos recursos. O terceiro módulo é a classificação das caraterísticas do produto, em que as caraterísticas identificadas a partir das avaliações são classificadas.

As críticas dos consumidores são apresentadas em diferentes formatos. Nalguns sítios Web, os consumidores podem atribuir uma classificação geral ao produto, descrever opiniões concisas positivas e negativas (ou seja, prós e contras) sobre algumas caraterísticas do produto e escrever um parágrafo de crítica pormenorizada em texto livre. Em resumo, [Lovelin et al, 2018] a classificação geral, uma avaliação do consumidor consiste em avaliações de Prós e Contras, avaliações de texto livre ou ambas. A partir das avaliações de Prós e Contras, a estrutura proposta identifica os recursos extraindo os termos substantivos frequentes nas avaliações. O sistema proposto pode obter caraterísticas altamente precisas extraindo termos de substantivos frequentes das avaliações de Prós e Contras e obtendo o vocabulário para a identificação das caraterísticas do produto.

Para identificar as caraterísticas nas avaliações de texto livre, a avaliação de texto livre é utilizada como entrada para o sistema. Em seguida, as opiniões de prós e contras são utilizadas para gerar o vocabulário das caraterísticas do produto e esse vocabulário é utilizado para a identificação das caraterísticas do produto [Lovelin et al, 2018]. Em primeiro lugar, as resenhas de texto livre são divididas em frases e, em seguida, cada palavra da frase é analisada para a identificação das caraterísticas do produto

A fim de obter uma identificação mais precisa das caraterísticas, o sistema propõe-se explorar os prós e contras das críticas como conhecimento auxiliar para ajudar a identificar as caraterísticas nas críticas de texto livre. Em particular, um sistema começa por dividir as opiniões de texto livre em frases e analisa cada frase utilizando um analisador. Os sintagmas nominais frequentes são depois extraídos das árvores de análise das frases como caraterísticas candidatas. Uma vez que estes candidatos podem conter ruídos, [Lovelin et al, 2018] o sistema aproveita ainda mais as avaliações de Prós e Contras para ajudar a identificar caraterísticas das palavras. O sistema recolhe todos os termos frequentes extraídos das avaliações dos Prós e Contras para formar um vocabulário e, em seguida, representar cada caraterística nas avaliações dos Prós e Contras. Este vocabulário é utilizado no classificador SVM para identificar as caraterísticas do produto.

O classificador resultante é, por sua vez, utilizado para identificar caraterísticas nas palavras extraídas dos comentários de texto livre. Remove os ruídos dos comentários. As palavras de paragem são negligenciadas nas avaliações de texto livre. Utiliza o vocabulário das caraterísticas dos produtos [Lovelin et al, 2018]. O vocabulário de caraterísticas do produto é gerado a partir das avaliações de prós e contras. A figura abaixo representa a implementação do trabalho proposto com o ambiente python.

Figura 4.2: Exemplo de captura de ecrã de saída para o algoritmo EPARBF

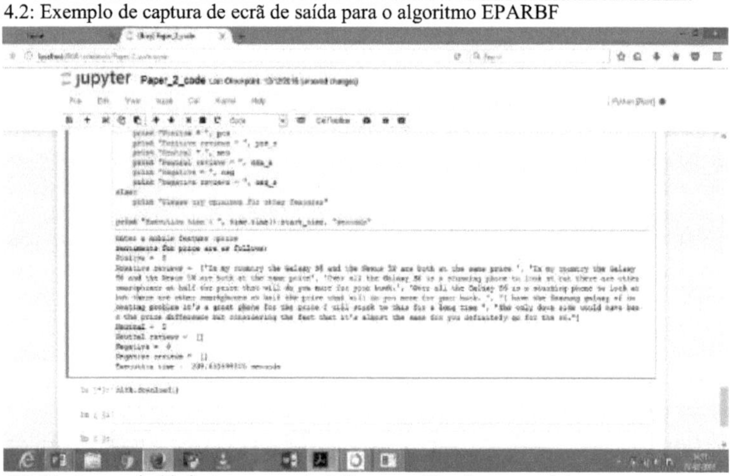

Figura 4.3: Mostra a polaridade de uma caraterística específica de um produto

4.5.3. Classificação de sentimentos com base em caraterísticas

As avaliações são classificadas com base nas caraterísticas do produto. A abordagem baseada no léxico é utilizada para classificar essas caraterísticas [Lovelin et al, 2018].

Classificação das caraterísticas do produto

A frequência de cada caraterística é calculada pelo sistema e, com base na frequência das caraterísticas, as caraterísticas são classificadas [Lovelin et al, 2018]. Assim, a popularidade de uma caraterística específica entre o número de caraterísticas pode ser determinada e a representação gráfica do seu resultado é mostrada pelo sistema.

Figure 1 mostra as caraterísticas e a sua frequência para um produto. A matriz de confusão do quadro 4.2 mostra os verdadeiros positivos e os falsos positivos, respetivamente.

Figure 4 4 mostra a identificação das caraterísticas do produto com base na frequência.

Tabela 4.1: Identificação de caraterísticas e frequência

S.n.	Caraterístic	Frequência

1.	Aplicações	1
2.	Bateria	5
3.	Botão	3
4.	Câmara	6
5.	Veja	2
6.	Conceção	1
7.	Qualidade	4

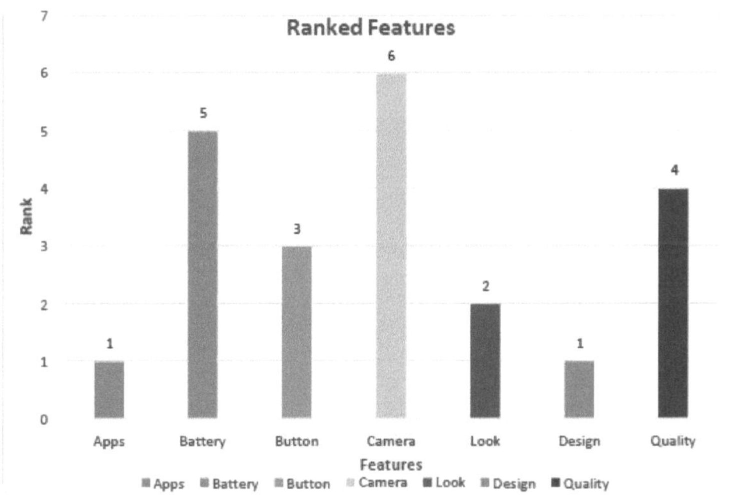

Figura 4.4: Caraterísticas que aparecem com frequência nas revisões

Os desempenhos do sistema de classificação das caraterísticas do produto são calculados pelas seguintes fórmulas.

$$\text{Precision} = \frac{\text{No .of relevant documents retrieved}}{\text{Total number of document retrieved}}$$

$$\text{Recall} = \frac{\text{No. of relevant documents retrieved}}{\text{Total number of relevant documents}}$$

$$\text{Frequency} = \frac{\text{2x Precision x Recall}}{\text{Precision + Recall}}$$

N.º de documentos relevantes recuperados Precisão
Número total de documentos recuperados
N.º de documentos relevantes recuperados
Recall
Número total de documentos relevantes

2x Precisão x Recuperação

Frequência =

Precisão + Recuperação

A experiência é realizada utilizando um conjunto de dados de telemóveis inteligentes. As avaliações são compostas por avaliações positivas e negativas, não rotuladas. As críticas não rotuladas foram classificadas e as caraterísticas dos produtos foram identificadas com o método tradicional de seleção de caraterísticas e as medidas de avaliação foram calculadas na classificação das caraterísticas que aparecem frequentemente. A polaridade foi calculada para a caraterística classificada e é apresentado o resumo da opinião sobre o produto.

Para a classificação, são utilizados os valores True Positive (TP), True Negative (TN), False Negatives (FN) e False Positives (FP) para comparar as etiquetas de classe (positivas e negativas) atribuídas à frase por um classificador com a classe. As medidas de avaliação, como a precisão, a recuperação, a medida F e a exatidão, são calculadas com a matriz de confusão. A matriz de confusão descreve o desempenho de um classificador nos dados de teste ou nos valores reais são conhecidos. A tabela seguinte mostra a matriz que foi estudada no processo de avaliação.

Tabela 4.2: Matriz de confusão

	Classes	Positivo	Negativo
Resultado	Positivo	TP	PF
	Negativo	TN	FN

A Figura 4.5 mostra as pontuações ponderadas após a classificação da polaridade baseada em caraterísticas em diferentes conjuntos de dados do domínio telefónico.

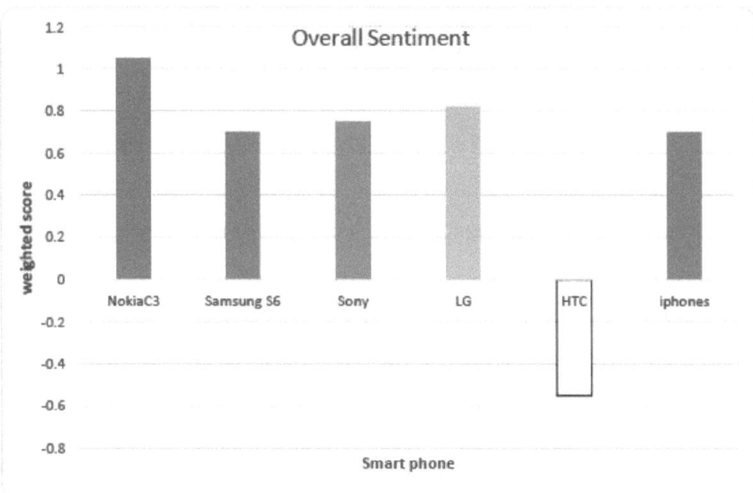

Figura 4.5: Sentimento sobre diferentes críticas de telemóveis

Tabela 4.3: Exatidão do algoritmo EPARBF existente e proposto

Conjunto de dados	Precisão%	
	Classificador padrão	EPARBF
NokiaC3	91.68	93.34
Samsung	90.56	92.76
Sony	89.67	94.34
LG	89.32	95.66
HTC	87.43	91.15
Iphone	88.78	90.67

A precisão para formar o resultado da classificação pelo quadro proposto e pelo classificador tradicional é apresentada na tabela 4.3. A partir da tabela, verifica-se que o quadro proposto produz melhor qualidade e melhor taxa de precisão para a avaliação do sentimento do que o algoritmo tradicional, conforme representado na Figura 4.6, respetivamente.

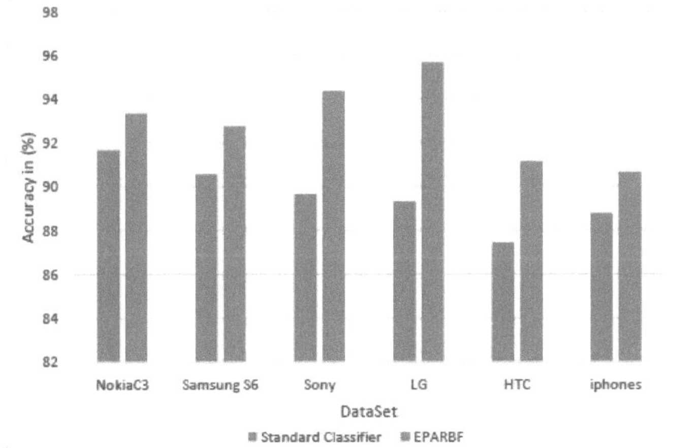

Figura 4.6: Precisão para vários telemóveis inteligentes utilizando o classificador padrão e a abordagem EPARBF

4.6 RESUMO DO CAPÍTULO

O quadro proposto para a classificação da polaridade com base nas caraterísticas do sentimento classificado melhora o classificador tradicional e, ao mesmo tempo, elimina as caraterísticas de menor prioridade do conjunto de revisões que possivelmente classificam a polaridade e também melhora a eficiência do desempenho do classificador. Foi apresentada uma comparação pormenorizada do quadro proposto com o classificador tradicional. Os resultados experimentais demonstram que o quadro proposto é capaz de resolver a classificação das revisões necessárias, em maior medida. Este trabalho é ainda alargado para classificar a polaridade da caraterística.

Capítulo 5

Polaridade do produto Caraterísticas e resumo

CAPÍTULO-5
POLARIDADE PARA AS CARACTERÍSTICAS DO PRODUTO E SUMARIZAÇÃO

5.1 VISÃO GERAL

O texto é o principal método de comunicação de informações na era digital. Os blogues, as mensagens, os artigos, as críticas e as informações opinativas transbordam na Internet. Muitas pessoas compram produtos em linha e publicam as suas opiniões sobre os artigos comprados. Esta opinião é apresentada publicamente para apoiar os outros nas suas decisões de compra, criando a necessidade de um mecanismo para extrair e resumir informações úteis para melhorar o processo de tomada de decisão. Neste trabalho, a precisão da extração deve ser melhorada através da combinação de diferentes técnicas de áreas importantes, como a extração de dados, técnicas de processamento de linguagem natural e ontologias. A estrutura melhorada extrai sequencialmente os aspectos do produto e as opiniões dos utilizadores, agrupa os respectivos aspectos por semelhança e gera um resultado imediato. Este trabalho centra-se na tarefa de extrair aspectos do produto e opiniões dos utilizadores, extraindo todos os aspectos e opiniões possíveis das avaliações utilizando linguagem natural e conjuntos de "etiquetas" frequentes. A sumarização de opiniões a partir de comentários de clientes online consiste geralmente em três tarefas.

Em primeiro lugar, é necessário extrair os aspectos; em seguida, é necessário reconhecer e orientar a opinião associada. Por fim, devem ser elaboradas listas de frases para formar o resumo final. A eficácia do resumo final depende da identificação e da extração dos aspectos. A opinião é um ponto de vista ou um juízo formado sobre algo; a opinião não se baseia necessariamente em factos ou no conhecimento existente. A realização de uma análise de sentimentos é problemática porque a opinião é um quíntuplo de entidade, aspeto, orientação, detentor de opinião e tempo.

O resumo é um conceito adicional de interesse relacionado com as opiniões; tal como explicado em, um resumo é "um texto produzido a partir de um ou mais textos, que transmite informações importantes no texto original, que não é mais longo do que metade do(s) texto(s) original(ais) e, normalmente, significativamente menos do que isso. Quatro grandes categorias de feedback para entidades representam os tipos de palavras mais frequentemente utilizadas: componentes, funções, caraterísticas e opiniões. As entidades para "câmara" são apresentadas na tabela 5.1. Algumas entidades não se enquadram em nenhuma das quatro categorias estabelecidas, pelo que é utilizada uma quinta categoria, "outros", para captar estes termos.

A maioria dos métodos tem-se centrado na extração de aspectos/caraterísticas de produtos a partir de comentários de clientes em linha e, em seguida, no resumo dos resultados, que é o primeiro passo para produzir um resumo do produto em estudo baseado em aspectos e opiniões. [Xu, Zheng, et al] apresentaram uma nova técnica que efectua a extração e o resumo das opiniões dos clientes utilizando regras de associação baseadas num algoritmo a priori. O sistema concebido extraía palavras frequentemente utilizadas para representar aspectos/caraterísticas. Numa versão modificada do sistema original, baseada na extração de padrões de linguagem, foram identificados aspectos/caraterísticas explícitos e implícitos do produto a partir de críticas positivas e negativas.

[Carenini et al], na tentativa de melhorar a extração de aspectos de concepções anteriores, utilizando os resultados do modelo de Hu e Liu como entrada para o seu sistema de captura de conhecimentos a partir de críticas de clientes. O modelo funcionou mapeando a entrada para a taxonomia definida pelo utilizador da hierarquia de aspectos para eliminar a redundância e fornecer organização concetual. O sistema desenvolveu um conjunto de heurísticas de extração de aspectos e algoritmos de seleção para extrair aspectos das críticas. Este modelo funcionou através da extração de frases nominais e, em seguida, da seleção de termos de caraterísticas utilizando pontuações de semelhança. [Popescu, et al, 2012] introduziu mais melhorias no trabalho de [Xu, Zheng, et al] ao desenvolver um sistema de

informação não supervisionado que extraía aspectos e opiniões de produtos através da extração de críticas e da remoção de substantivos que apareciam frequentemente e que não eram aspectos.
Qi e Chen projectaram um modelo discriminativo utilizando ficheiros aleatórios condicionais de cadeia linear para extrair opiniões. Os resultados deste modelo permitiram obter melhorias em termos de recordação e precisão em comparação com outros métodos propostos por [Turneye Jin et al.][Huang et al] propuseram a extração de aspectos/caraterísticas como uma etiqueta de sequência através da implementação do modelo de aprendizagem discriminativa. Esta abordagem teve um bom desempenho, alcançando um aumento tanto na recuperação como na precisão.

Tabela 5.1: Categorias de entidades

Entidade	Descrição
Componentes	Aspectos físicos, incluindo a própria câmara, LCD, visor, bateria
Funções	Capacidades, incluindo reprodução de filmes, zoom e focagem automática
Caraterísticas	Propriedades dos componentes ou funções, como a cor, a velocidade, o tamanho, o peso.
Opinião	Opiniões e pensamentos expressos pelos clientes sobre os produtos e seus componentes.
Outros	Outras entidades possíveis definidas pelo domínio

5.2 METODOLOGIA PROPOSTA

A estrutura melhorada foi concebida para resumir as opiniões dos clientes e produzir um "resumo de opiniões baseado em aspectos". Para produzir um resultado, é necessário extrair algumas informações essenciais. A estrutura está dividida em quatro tarefas principais para utilizar ficheiros de texto que contêm comentários de clientes como entrada e, em seguida, executar as quatro tarefas para produzir o resultado final. A primeira tarefa consiste em extrair entidades do produto em estudo e identificar a orientação da opinião associada a cada aspeto. A segunda tarefa consiste em agrupar os aspectos com base nas semelhanças. A terceira tarefa consiste em selecionar as frases de aspeto mais populares. A quarta tarefa é gerar um resumo opinativo que se baseia na estrutura proposta para o produto, apresentada na Figura 5.1.

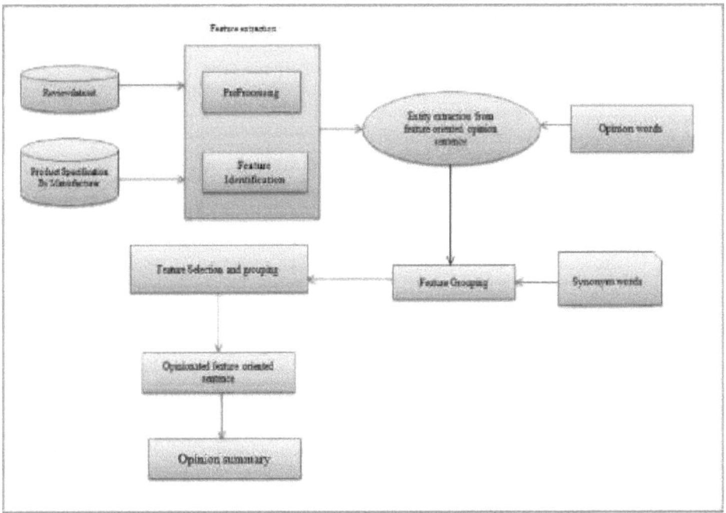

Figura 5.1 Arquitetura proposta

5.2.1. Extração de entidades

A primeira tarefa do quadro proposto é a "extração de entidades". As entidades incluem aspectos/caraterísticas, componentes, partes, funções e opiniões do objeto em estudo. No nosso trabalho, a extração de entidades é tratada como duas extracções: extração de aspectos do produto e extração de opiniões. Além disso, a extração de aspectos é decomposta num processo de dois passos.

5.2.2. Agrupamento de aspectos

Uma vez extraídas as entidades, estas são agrupadas com base em sinónimos. O cliente pode exprimir as suas opiniões sobre o mesmo aspeto utilizando palavras e/ou frases diferentes. Para produzir um resumo útil, essas palavras diferentes sobre o mesmo aspeto devem ser agrupadas. Essas palavras e/ou frases são sinónimos de domínio e partilham o mesmo significado, pelo que devem ser agrupadas no mesmo grupo de aspectos. No domínio dos telemóveis, por exemplo, "capacidade" e "memória" são duas expressões diferentes que se referem ao mesmo aspeto.

Nesta abordagem, o agrupamento de aspectos é complexo devido aos numerosos sinónimos possíveis. O nível de suficiência é baixo por duas razões. Em primeiro lugar, embora as palavras possam referir-se aos mesmos aspectos, alguns dicionários não consideram as palavras como sinónimos. Em segundo lugar, muitos sinónimos são sinónimos de domínio; é provável que se refiram ao mesmo aspeto num domínio, mas não noutro. O objetivo é conseguir o agrupamento de aspectos utilizando técnicas de posse de linguagem natural, palavras partilhadas e semelhança de léxico. Alguns aspectos podem partilhar palavras, por exemplo, ("bateria", "duração da bateria", "utilização da bateria" e "energia da bateria"), todas elas referentes ao mesmo aspeto "bateria".

5.2.3. Seleção de aspectos

Depois de os aspectos terem sido agrupados, as frases mais representativas dos aspectos devem ser selecionadas para formar o resumo final das opiniões. Esta etapa pode ser realizada analisando a força de cada frase de opinião e, em seguida, selecionar as frases com maior peso. A força de todos os "adjectivos, advérbios e verbos", dentro da frase, determinará o peso total dessa frase. A importância da frase é uma das determinações mais críticas do quadro proposto. Neste trabalho, os pesos são calculados para todos os "adjectivos, advérbios e verbos" de cada uma das frases. O cálculo é feito somando todos os pesos de cada "adjetivo, advérbio e verbo" dentro da frase, como se apresenta na Tabela 5.2.

Por exemplo, "o auscultador é muito confortável", a frase tem um "adjetivo = confortável" e um "advérbio = muito", pelo que o peso atribuído a esta frase é "2". Os pesos são calculados com base no método de pontuação de uma combinação de etiquetas (adjetivo, verbo, advérbios) para dar peso a cada frase de aspeto, como indicado na Tabela 5.2 para os adjectivos e advérbios e na Tabela 5.3 para os verbos com base na abordagem proposta.

Tabela 5.2: Lista de etiquetas e pesos

TAGS	DESCRIÇÃO	PESO
JJ	Adjetivo	1
J JR	Adjetivo comparativo	2
JJS	Adjetivo superlativo	3
RB	Advérbio	1
RBR	Advérbio comparativo	2
RBS	Advérbio superlativo	3

Tabela 5. 3: Pesos dos verbos

Categoria do verbo	Orientação	Verbos	Comentários
Verbos de contar	Positivo	contar	Reforçar positivamente uma opinião
Verbos de conversa fiada	Positivo	discutir, tagarelar, tagarelar	Reforçar positivamente a opinião que está a ser expressa
Verbos de aconselhamento	Positivo	aconselhar, instruir	Reforçar positivamente uma opinião
	Negativo	admoestar, advertir, avisar	Reforçar negativamente o grau de certeza sobre uma determinada opinião

Por outro lado, os verbos são tratados de forma diferente dos adjectivos e dos advérbios. O sistema utilizou as categorias propostas por para ponderar os verbos, algumas das quais são apresentadas na Tabela 5.3. Se uma frase contiver um verbo de categorias positivas, então "+1" será adicionado ao peso e se o verbo for de categorias negativas, então "-1" será subtraído do peso total. Com base nos pesos das frases finais, a seleção pode ser feita facilmente. As frases foram selecionadas com o peso mais elevado para serem candidatas ao resumo final.

5.2.4. Geração sumária

A última tarefa do processo é a criação de um resumo. Baseia-se nos resultados das tarefas anteriores, em que os aspectos extraídos e a opinião correspondente são selecionados e, em seguida, são atribuídos pesos a todas as frases. O resumo pode ser apresentado sob várias formas, como um diagrama ou um texto. O resumo de saída esperado assume a forma de uma representação gráfica que indica o conjunto de aspectos/opiniões positivas do produto e o conjunto de aspectos/opiniões negativas. O gráfico também inclui a percentagem de opiniões positivas em comparação com as opiniões negativas para todas as frases.

5.3 TÉCNICAS DE EXTRACÇÃO PROPOSTAS

Tal como ilustrado nas secções anteriores, a entrada do sistema é uma lista de opiniões dos clientes sobre um produto específico e a saída é um resumo de todas as opiniões sobre esse produto

Marcação de parte do discurso (POS)

Para extrair informações úteis, tais como aspectos e opiniões das críticas, estas devem ser analisadas e as partes do discurso devem ser marcadas em conformidade. A etiquetagem de partes do discurso (POS) é o processo de análise de cada palavra da frase com base na identificação de etiquetas linguísticas. A Tabela 5.4 apresenta uma lista de etiquetas linguísticas POS.

O exemplo apresenta a etiquetagem POS da avaliação de um cliente sobre um iPhone5. A frase original é: *"Adoro o meu novo Iphone5s, é o melhor Smartphone de sempre, e tem uma óptima câmara que capta as melhores fotografias"*. A frase etiquetada é "I/PRP love/VBP my/PRP$ new/JJ IPhone/NN 5s/NNS, /, it/PRP is/VBZ the/DT best/JJS smartphone/NN ever/RB, /, it/PRP has/VBZ a/DT great/JJ camera/NN that/WDT captures/VBZ the/DT best/JJS photos/NNS /", em que cada palavra é etiquetada utilizando as categorias apresentadas na Tabela 5.4.

Tabela 5.4: Marcação de parte do discurso (POS)

Etiqueta	Descrição	Etiqueta	Descrição
JJ	Adjetivo	RBR	Advérbio comparativo
JJR	Adjetivo comparativo	RBS	Advérbio superlativo
JJS	Adjetivo superlativo	VB	Verbo, forma básica
LS	Marcador de item de lista	VBD	Verbo, pretérito perfeito
NN	Substantivo, singular ou em massa	VBG	Verbo, gerúndio ou particípio presente
NNS/NNP	Substantivo, substantivo plural, singular	VBN	Verbo, particípio passado
NNPS	Substantivo próprio, plural	VBP	Verbo, não 3ª pessoa do singular/p
RB	Advérbio	VBZ	Verbo, 3ª pessoa do singular do presente

Estudos anteriores demonstraram que os aspectos dos produtos tendem a ser substantivos e/ou frases nominais e as opiniões tendem a ser adjectivos e/ou frases adjectivas. Na análise de sentimentos, a investigação mostrou que uma combinação de etiquetas contribui para a extração de aspectos e opiniões. Ao contrário destes estudos anteriores, a investigação atual utilizou mais o processo de análise de frases, considerando mais partes da frase como aspectos e/ou opiniões.

O quadro proposto foi concebido para determinar o que as pessoas gostam e não gostam num determinado produto. A primeira tarefa é identificar os aspectos desse produto e, em seguida, encontrar as opiniões correspondentes. A compreensão da linguagem natural não é fácil, pelo que o processo de extração também não é fácil. A maior dificuldade é compreender o significado implícito de uma frase específica. Por exemplo, "usar o Iphone5 é canja", a frase "canja" significa que é fácil de usar. No entanto, não existe uma palavra explícita que mostre esse significado oculto. Para resolver estes problemas, é necessária uma compreensão semântica. A Tabela 5.4 mostra todas as etiquetas POS retiradas das etiquetas POS do projeto Penn Treebank.

Aspectos do produto Extração

A extração de aspectos envolve a extração de aspectos do produto em estudo sobre os quais os clientes expressaram as suas opiniões. Por exemplo, "reconhecimento facial", "zoom" e "ecrã tátil" são aspectos do produto "câmara". Para extrair aspectos, temos de analisar todas as frases das avaliações para saber quais os itens POS que são apresentados como aspectos e quais os que são apresentados como opiniões.

Na linguagem natural, as pessoas tendem a escrever estruturas de frases quase semelhantes. O Frame work optou por utilizar conjuntos frequentes com base no seu sucesso na análise e compreensão do comportamento de compra dos clientes. A extração de conjuntos frequentes desempenha um papel importante na extração de dados; o seu objetivo é encontrar padrões interessantes a partir de uma grande quantidade de dados. Os conjuntos frequentes foram introduzidos para analisar o comportamento dos clientes e a forma como estes tendem a comprar conjuntos de artigos em conjunto.

A principal motivação para procurar "conjuntos de etiquetas" frequentes surgiu da necessidade de analisar a forma como as pessoas tendem a exprimir os seus sentimentos em linguagem natural. Por outras palavras, a forma como as pessoas tendem a escrever críticas opinativas.

O resultado são conjuntos frequentes, que consistem em etiquetas frequentes que definem os aspectos do produto, as palavras de opinião e a relação entre essas duas etiquetas. Por exemplo, a etiqueta de aspeto aparece em primeiro lugar, pelo que a sequência de etiquetas se parece com [NN][VBZ][RB][JJ], que corresponde à frase "o software é absolutamente terrível". A Tabela 5.5 mostra exemplos de etiquetas frequentes.

Tabela 5.5: Etiquetas frequentes

S.N.	Etiquetas	Exemplo
1	[NN] [VBZ] [RB][JJ]	"o software é absolutamente terrível"
2	[NNS][VBP] [JJ]	"as imagens são extremamente nítidas"
3	[NN][VBZ][RB][JJ]	"O auricular é muito confortável"
4	[NN] [VBZ] [JJ]	"o som é maravilhoso"
5	[NNS] [VBP] [RB]	"as transferências são rápidas"
6	[VBZ][JJ]	"tem bom aspeto"
7	[JJ][NN] [IN] [NN]	" equipamento de qualidade superior".
8	[JJ] [NN] [CC] [NN]	"tamanho e peso decentes"
9	[RB] [JJ] [TO] [VB] [DT] [NN]	"muito confuso para iniciar o programa"
10	[VBD] [NN]	" interface melhorada"
11	[JJ] [VBG]	" com ótimo aspeto"

A segunda tarefa do processo de extração é a extração de opiniões. Esta tarefa envolve a extração das palavras de opinião correspondentes que os clientes utilizaram para cada aspeto do produto. As palavras de opinião são normalmente adjectivos que descrevem ou expressam o que os clientes pensam sobre os aspectos do produto. Normalmente, as palavras de opinião estão localizadas perto de aspectos na frase. Alguns estudos localizaram as palavras de opinião como o adjetivo mais próximo dos aspectos. No entanto, primeiro localizam-se as palavras de opinião na frase e, a partir daí, determinam-se os aspectos correspondentes, procurando primeiro o aspeto mais próximo na frase, de trás para a frente. A Figura 5.2 ilustra o pseudocódigo do algoritmo FSATE (Feature Sentiment Analysis using Tag Extraction) proposto.

```
Entrada : Frases de revisão do conjunto de dados
Resultado: Classificação resumida da polaridade da opinião
1.  Para cada recensão Identificar a frase subjectiva
2.  Pré-processamento de cada frase com tokenize
3.  Para cada si e S Sentença do
4.  W=Tokenizar cada palavra si e T= marcar cada palavra ε si
5.  Aplicar a extração de etiquetas pela sua frequência
6.  para cada Wi esi do
7.  seWi e Dict então
8.  Extrair a caraterística de cada frase e atribuir pesos para a etiqueta
9.  Contabiliza o parecer pela ponderação total de cada aspeto da frase S
10. Resumir a opinião dos aspectos com a sua polaridade
```

Figura 5.2: Pseudo-código do algoritmo FSATE

5.4 RESULTADOS EXPERIMENTAIS E DISCUSSÃO

O algoritmo proposto é implementado utilizando a abordagem de extração de etiquetas para reduzir o espaço de caraterísticas na classificação. O algoritmo reduz o tempo necessário para a classificação e pode eventualmente produzir melhor qualidade num curto espaço de tempo.

A Tabela 5.6 mostra o tempo de execução necessário para classificar a polaridade do conjunto de dados de críticas através da Análise de Sentimentos com Caraterísticas utilizando o algoritmo de extração de etiquetas em vários conjuntos de dados. A Figura 5.3 representa a vista gráfica do tempo de execução do algoritmo FSATE. A Figura 5.3 representa o ecrã de implementação do algoritmo FSATE na ferramenta weka

Tabela 5.6: Tempo decorrido em segundos

Conjunto de dados	Tempo decorrido em segundos	
	Classificador padrão	FSATE
NokiaC3	0.22	0.09
Samsung	0.13	0.08
Sony	0.65	0.37
LG	0.56	0.43
HTC	0.60	0.42
Iphone	0.54	0.32

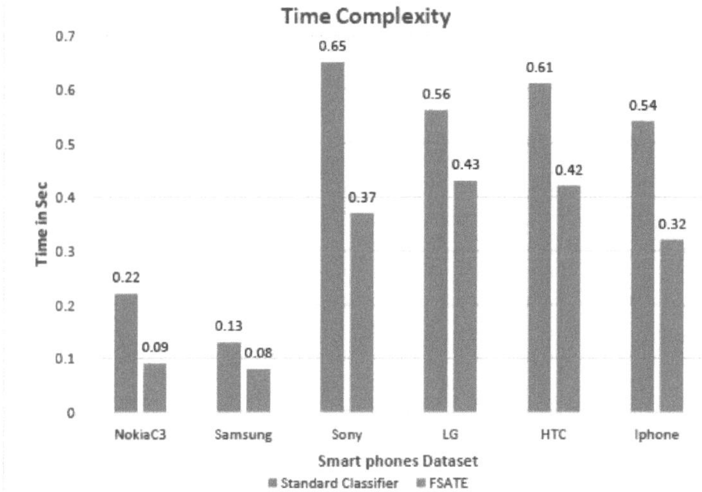

Figura 5.3: Complexidade do tempo gasto pelo algoritmo FSATE

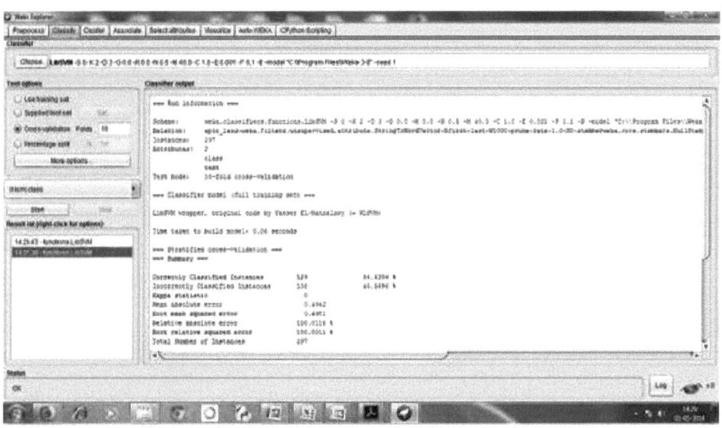

Figura 5.4: Capturas de ecrã do tempo de execção para classificação de um determinado conjunto de dados

5.5 RESUMO DO CAPÍTULO

O algoritmo proposto melhora eficazmente o classificador para identificar a polaridade das críticas com base na abordagem de extração de etiquetas de caraterísticas. O algoritmo proposto classifica eficazmente os aspectos positivos e negativos das avaliações em menos tempo. A abordagem também melhora a classificação, retirando apenas as caraterísticas importantes do conjunto de avaliações. A abordagem melhorada requer menos tempo de computação para classificar cada conjunto de dados. Os resultados experimentais mostram que a abordagem melhorada melhora o tempo e a precisão e produz melhores resultados. A abordagem melhorada apenas lida com o conjunto de dados de texto anotado manualmente, pelo que os trabalhos futuros requerem modificações que possam ser aplicáveis à extração de imagens, como os emoticons.

Capítulo 6

Conclusão

CAPÍTULO-6

CONCLUSÃO E ÂMBITO FUTURO

6.1 VISÃO GERAL

Esta tese apresenta um trabalho de investigação abrangente no domínio da análise de sentimentos, que tem por objetivo fornecer uma abordagem baseada no léxico para realizar uma análise de sentimentos de grão fino, melhorando o desempenho da classificação de sentimentos e da análise de nível de aspeto. Foi proposto um quadro de análise de sentimentos para cumprir os objectivos desta investigação.

Esta tese passou pelas fases de conceção que incluem a identificação do problema, a definição do objetivo, a conceção e o desenvolvimento, a demonstração e a avaliação. O primeiro capítulo apresenta os antecedentes da investigação e a necessidade da análise de sentimentos nas redes sociais. O capítulo dois descreve como os investigadores anteriores efectuaram a análise de sentimentos e quais as dificuldades e problemas que os investigadores anteriores encontraram e porquê. Deste modo, os problemas enfrentados no mundo real e as lacunas de investigação foram identificados nos dois primeiros capítulos, que também fornecem a motivação desta investigação.

Foi proposto um novo quadro de análise de sentimentos para satisfazer os dois principais objectivos de investigação, nomeadamente, como podem as análises de produtos ser classificadas automaticamente e com precisão em relação às frases de sentimento. Em segundo lugar, detetar que caraterística ou aspeto do produto é mais preferido pelos clientes e com o seu sentimento que dá uma estratégia de tomada de decisão eficaz. Um segmento do trabalho de enquadramento é capaz de separar a opinião mista e os aspectos através de passos de pré-processamento como tokenização, POS, etc. Em seguida, a classificação do sentimento pode ser prosseguida através do léxico do sentimento que é anotado manualmente a partir do corpus do domínio no capítulo três.

Para além de melhorar ainda mais o trabalho proposto, foi implementado um sistema de análise de sentimentos chamado EPARBF com base no trabalho anterior no capítulo três. O sistema apresentado no capítulo quatro tem como objetivo conhecer as caraterísticas mais eficazes que são publicadas nas críticas e o seu sentimento, e também conhecer a polaridade dessa caraterística específica. No capítulo cinco, a avaliação foi efectuada para melhorar a precisão da classificação das polaridades da caraterística do produto, removendo as etiquetas e agrupando as entidades.

De um modo geral, o quadro proposto nesta investigação proporcionou uma nova forma de análise de sentimentos de granularidade fina. O sistema de análise de sentimentos implementado não só foi capaz de lidar com a mistura de texto de opinião e palavras de expressão, mas também de efetuar a análise de aspectos através de um léxico específico do domínio, o que cumpriu o objetivo desta investigação. O desempenho forneceu provas de apoio ao quadro proposto em termos de exatidão e eficiência.

6.2 ANÁLISE DE SENTIMENTOS UTILIZANDO A REGRESSÃO LOGÍSTICA

A estrutura serve como um mecanismo que pode separar automaticamente as opiniões misturadas e organizá-las de uma forma colectiva, o que permite ao investigador explorar a frase opinada ou teoricamente conhecida como deteção subjectiva. O objetivo deste trabalho é aumentar a eficiência do classificador de sentimentos utilizando a regressão logística para classificar os comentários. Os comentários são anotados manualmente, sendo atribuídos valores positivos e negativos à frase subjectiva. As frases anotadas são dadas como entrada e a função logística é aplicada para identificar o número total de polaridades das críticas. Os resultados obtidos com o SALR através das experiências reduziram o custo computacional e o tempo de execução para obter as críticas classificadas.

6.3 ANÁLISE DE SENTIMENTOS BASEADA EM CARACTERÍSTICAS PARA MELHORAR CLASSIFICAÇÃO

A saída classificada do algoritmo SALR trouxe um processo dinâmico que enfatiza o ciclo de avaliação e refina a análise de sentimento. O algoritmo proposto neste trabalho seleciona a caraterística do corpus do domínio com base no número de caraterísticas que ocorrem frequentemente nas críticas. A implementação do algoritmo de classificação de caraterísticas optimiza a classificação das críticas com base nas caraterísticas do corpus do domínio. Também dá a opinião resumida sobre as bases da caraterística com o seu sentimento. O trabalho proposto também melhora o tempo de execução e acelera a classificação da polaridade. Com o cálculo matemático, o trabalho proposto pondera a opinião sobre a caraterística , o que reduz a complexidade da classificação tradicional. Isto minimizaria ainda mais o custo computacional, bem como reduziria as frases com opinião do que a contribuição anterior SALR, selecionando as frases em destaque. Além disso, a precisão da classificação também foi melhorada neste trabalho.

6.4 AGRUPAMENTO DAS CARACTERÍSTICAS PARA MELHORAR A CLASSIFICAÇÃO

A classificação é uma tarefa importante na extração de dados, em particular tem sido utilizada para identificar a informação necessária para tomar melhores decisões e para sistemas de recomendação. Este trabalho sugere uma nova classificação baseada no agrupamento das caraterísticas após o processo de identificação. Neste trabalho proposto, foram utilizadas três tarefas, a primeira para extrair as entidades do produto que estão associadas a aspectos orientados para a opinião e, por fim, para agrupar e fornecer o resumo das revisões. O valor do limiar pode ser calculado programaticamente, tomando o valor mínimo e máximo de uma determinada caraterística agrupada. A abordagem melhorada requer menos tempo de cálculo e concentra-se na redução das frases não desejadas, o que pode melhorar a eficiência do classificador para obter uma melhor qualidade da classificação da polaridade.

6.5 IMPACTO DO RESULTADO

As contribuições acima descritas podem ter um grande impacto quando aplicadas no mundo real. No caso das empresas, a análise do sentimento pode dar uma ideia da opinião pública (positiva ou negativa) do cliente e da sua expetativa em relação ao produto ou aos serviços. Esta análise pode evidenciar a necessidade de recorrer a exercícios de branding, relações públicas, marketing e comunicação para capitalizar uma atitude positiva ou, em alternativa, executar programas tácticos de limitação de danos para as atitudes negativas.

O aspeto positivo pode ser considerado como um contributo para as equipas de gestão e de marketing, a fim de garantir que estes aspectos do produto ou serviço não sejam alterados desnecessariamente sem grande reflexão e que o material de marketing se concentre nos elementos que as pessoas realmente apreciam e que aumentam as receitas desse produto/serviço. Por outro lado, os aspectos negativos podem ser utilizados como contributo para as equipas de vendas e também para as equipas de gestão de produtos e de investigação e desenvolvimento, a fim de compreenderem os aspectos do produto/serviço que os consumidores parecem exigir ou alterar. Embora esta tese tenha examinado a utilização de um quadro de análise de sentimentos no domínio móvel das críticas, não há obstáculos à utilização da mesma metodologia noutros domínios, como a opinião política, a opinião socioeconómica, etc.

Capítulo 7

Direção futura

CAPÍTULO-7
DIRECÇÃO FUTURA

7.1 ORIENTAÇÕES FUTURAS

A investigação tenta encontrar uma solução eficaz para lidar automaticamente com o grande volume de dados opinativos. Os métodos propostos tratam eficazmente o conjunto de dados e melhoram a exatidão e a fiabilidade do sistema proposto, mas ainda há algumas lacunas nesta investigação.

> A questão é que a construção do léxico de sentimentos nesta investigação requer esforço humano, embora o corpus construído manualmente possa alcançar uma melhor precisão, e é um processo moroso.

> A investigação utiliza um número limitado de termos de sentimento, o que é um fator importante que afecta a precisão da classificação do sentimento e da análise do aspeto. No entanto, há limitações no tratamento da falsificação e da negação numa frase que contenha uma cláusula principal e uma cláusula dependente.

> O emoticon das críticas acrescenta outro âmbito que leva a investigação a estudar as experiências emocionais das críticas

> A investigação incidiu apenas na língua inglesa. Também é possível desenvolver um léxico de sentimentos específico de um domínio adicional, o que, por sua vez, será objeto de investigação futura, de modo a alargar as fronteiras dos estudos neste domínio.

Referências

REFERÊNCIAS

[Abdul et al, 2011] Abdul-Mageed, Muhammad, Mona T. Diab, e Mohammed Korayem. "Subjetividade e análise de sentimentos do árabe padrão moderno". Actas da 49ª Reunião Anual da Associação para a Linguística Computacional: Human Language Technologies: short papers-Volume 2. Associação para a Linguística Computacional, 2011.

[Agarwal et al 2013] Agarwal, Basant, Namita Mittal e Vijay Kumar Sharma. "Métodos de extração de caraterísticas para abordagens baseadas na orientação semântica para análise de sentimentos". *Actas da 10.ª conferência internacional sobre processamento de linguagem natural. Noida, Índia.* 2013

[AkashShrivatava et al, 2012] Akash Shrivatava & Bhasker Pant, "Opinion Extraction and Classification of Real Time Facebook Status, Global Journal of Computer Science and Technology ", Volume 12 Issue 8 Version 1.0 April 2012, Type: Revista internacional de investigação com revisão por pares duplamente cega Editora: Global Journals Inc. (EUA) ISSN online: 0975-4172 & ISSN impresso: 0975-4350

[AlekhAgarwal et al., 2005] Alekh Agarwal e Pushpak Bhattacharyya, "Sentiment analysis: A new approach for effective use of linguistic knowledge and exploiting similarities in a set of documents to be classified", In Proceedings of the International Conference on Natural Language Processing (ICON), 2005

[Balage et al, 2013] Balage Filho, Pedro, e Thiago Pardo. "NILC_USP: Um sistema híbrido para análise de sentimento em mensagens do twitter". Second Joint Conference on Lexical and Computational Semantics (* SEM), Volume 2: Proceedings of the Seventh International Workshop on Semantic Evaluation (SemEval 2013). Vol. 2. 2013

[Campbell et al, 2010] Campbell-Meiklejohn, Daniel K., et al. "How the opinion of others affects our valuation of objects." Current Biology 20.13 (2010): 1165-1170.

[Cantallops et al, 2014] Cantallops, Antoni Serra, e Fabiana Salvi. "Novo comportamento do consumidor: Uma revisão da pesquisa sobre eWOM e hotéis." International Journal of Hospitality Management 36 (2014):

[**Chaturvedi** et al, 2017] Chaturvedi, Iti, et al. "Máquina de aprendizagem extrema baseada em rede Bayesiana para deteção de subjetividade". Journal of The Franklin Institute (2017).

[Cheng et al, 2015] Cheng, Justin, Cristian Danescu-Niculescu-Mizil e Jure Leskovec. "Antisocial Behavior in Online Discussion Communities" [Comportamento antissocial em comunidades de discussão on-line]. ICWSM. 2015

[Chetan, 2015] Chetan Mate, "Product Aspect Ranking using Sentiment Analysis: A Survey", International Research Journal of Engineering and Technology (IRJET), ISSN: 2395-0072, Volume: 03 Issue: 01, Jan-2015.

[Ding et al., 2008] Ding, Xiaowen, Bing Liu e Philip S. Yu. "Uma abordagem holística baseada no léxico para a extração de opiniões". *Actas da conferência internacional de 2008 sobre pesquisa na Web e extração de dados.* ACM, 2008

[Eirin et al, 2012] Eirinaki, Magdalini, Shamita Pisal e Japinder Singh. "Extração e classificação de opiniões baseadas em recursos". Journal of Computer and System Sciences 78.4 (2012): 11751184.

[Eirinaki et al., 2016] Eirinaki, M., Pisal, S., & Singh, J. (2012). Featurebased opinion mining and ranking. Journal of Computer and System Science, 78(4), 1175-1184. doi:10.1016/j.jcss.2011.10.007

[F. Li et al, 2010] Li et al., "Structure-aware review mining and summarization, " in Proc. 23rd Int. Conf. COLING, Pequim, China, (2010), pp. 653- 661.

[Frederick et al 2015] Frederick F, Patacsil e Proceso L. Fernandez, análise de sentimento ao nível da frase de comentários de blogues para estimar a satisfação do cliente do ISP Filipno, Conferência Internacional de Mineração de Dados, Engenharia Civil e Mecânica (ICDMCME'2015) 1-2 de fevereiro de 2015

[Gamon, 2012] Gamon, Michael. "Sentiment classification on customer feedback data: noisy data, large feature vectors, and the role of linguistic analysis." Actas da 20ª conferência internacional sobre Linguística Computacional. Associação para a Linguística Computacional, 2004.

[Hammed et al, 2013] Hammad, A. S. A., e Alaa El-Halees. "Uma abordagem para a deteção de spam em comentários de opinião em árabe". The International Arab Journal of Information Technology 12 (2013).

[J. Fang et al 2011] Ji fang, Bi Chen. Incorporating Lexicon Knowledge into SVM Learning to Improve Sentiment Classification [Incorporação do conhecimento léxico na aprendizagem SVM para melhorar a classificação de sentimentos]. Procedimentos do Workshop sobre Análise de Sentimentos onde a IA encontra a Psicologia (SAAIP), IJCNLP 2011, páginas 94-100, Chiang Mai, Tailândia, 13 de novembro de 2011.

[Jain et al, 2016] Richa Sharma Shweta Nigam Rekha Jain, " Polarity Detection at Sentence Level, International Journal of Computer Applications (0975 - 8887) Volume 86 - No 11, January 2014

[Jaspreet, et al 2017] Singh, Jaspreet, Gurvinder Singh e Rajinder Singh. "Otimização da análise de sentimentos usando classificadores de aprendizado de máquina". Computação centrada no ser humano e ciências da informação 7.1 (2017): 32

[Jeeva et al, 2016] Jotheeswaran, Jeevanandam, e S. Koteeswaran. "Seleção de recursos usando o método de floresta aleatória para análise de sentimentos". Indian Journal of Science and Technology 9.3 (2016).

[Jindal et al, 2006] Nitin Jindal e Bing Liu, Opinion Spam and Analysis, WSDM'08, 11-12 de fevereiro de 2008, Palo Alto, Califórnia, EUA. Copyright 2008 ACM 978-1-59593927-9/08/0002.

[Joshi et al, 2007]. Joshi, Anupam, et al. "Web 2.0 mining: Analyzing social media". Actas do simpósio da NSF sobre a próxima geração de extração de dados e descoberta cibernética para a inovação. 2007.

[Khan et al, 2017] Khan, Hikmat Ullah, e Ali Daud. "Usando técnicas de aprendizado de máquina para análise de subjetividade com base em recursos lexicais e não lexicais". Revista Internacional Árabe de Tecnologia da Informação (IAJIT) 14.4 (2017).

[Khanna et al, 2013] Khanna, Sandhya, e Savita Shiwani. "Métodos baseados em deteção de subjetividade e orientação semântica para análise de sentimentos". Revista Internacional de Pesquisa Científica e de Engenharia, Volume

4, Edição 9, setembro-2013 868 ISSN 2229-5518

[Kushal et al 2013] E Kushal Bafna, Durga Toshniwal, Feature Based Summarization of Customers' Reviews of Online Products, Publicado por Elsevier B.V.Seleção e revisão por pares sob responsabilidade da KES International. 1877-0509 © 2013.

[Liu, 2012] Bing Liu, "Sentiment Analysis and Opinion Mining" pp.7-140, 2012.

[Lovelin et al, 2016] Análise de sentimentos de avaliações de smartphones usando regressão logística, IJCTA, 9(26)pp 343-349, 2016

[Lovelin et al, 2018] Uma abordagem aprimorada para a classificação do aspeto do produto na revisão do consumidor, Jornal interno de ciência da computação e computação móvel, Vol7, Issue 4, April 2018, Pg87-96, ISSN 2320-088X

[Manek et al, 2017] Manek, Asha S., et al. "Extração de termos de aspeto para análise de sentimentos em grandes críticas de filmes utilizando o método de seleção de caraterísticas do Índice de Gini e o classificador SVM." World wide web 20.2 (2017): 135-154

[Manvee et al, 2015] Chauhan, Manvee, e Divakar Yadav. "Análise sentimental de revisões baseadas em produtos usando abordagens de aprendizado de máquina". Jornal de comunicações de rede e tecnologias emergentes (JNCET) 5.2 (2015): 19-25.

[Marrese-Taylor, 2014] Marrese-Taylor, Edison, Juan D. Velásquez e Felipe Bravo-Marquez. "Uma nova abordagem determinística para mineração de opinião baseada em aspectos em avaliações de produtos turísticos". Expert Systems with Applications 41.17 (2014): 7764-7775.

[Maynard, 2013] Maynard, Diana, David Dupplaw e Jonathon Hare. "Análise de sentimento multimodal das redes sociais". (2013).

[Moghaddam et al, 2013] Moghaddam, Samaneh, e Martin Ester. "Opinion mining in online reviews: Tendências recentes". Tutorial na WWW2013 (2013).

[Monalisa et al 2015] Monalisa Ghosh, Prof Gautam Sanyal, " Sentiment Classification by Semantic Orientation Using SentiWordNet Lexicon from Online Customer Review", International Journal of Computer Science Trends and Technology (IJCST) - Volume 3 Issue 1, Jan-Feb 2015

[Mudambi et al, 2010] Mudambi, Susan M., e David Schuff. "Nota de investigação: O que faz uma crítica online útil? A study of customer reviews on Amazon. com." MIS quarterly (2010): 185-200.

[Nabeela et al, 2014] Altrabsheh, Nabeela, Mihaela Cocea e Sanaz Fallahkhair. "Sentimento de aprendizagem a partir do feedback dos alunos para intervenções em tempo real nas salas de aula". Adaptive and Intelligent Systems [Sistemas adaptativos e inteligentes]. Springer, Cham, 2014. 40-49.

[**O. Etzioni et al**, 2005] O. Etzioni et al, "Unsupervised named-entity extraction from the web: An experimental study", J. Artif. Intell., vol. 165, no. 1, pp. 91- 134. Jun. 2005.

[Pang et al, 2008] Pang, B., e Lee, L, Opinion mining and sentiment analysis, Foundations and Trends in Information Retrieval, 2:1-135 2008.

[Phillips et. al, 2015] J. Phillipsa, E.Cripps, JohnW.Lau, M.R.Hodkiewicz, Classificação do estado das máquinas utilizando amostras de óleo e logística binária, http://dx.doi.org/10.1016/j.ymssp.2014.12.020 0888- 3270/& 2015ElsevierLtd

[Poria et al, 2016] Poria, Soujanya, Erik Cambria e Alexander Gelbukh. "Extração de aspectos para mineração de opinião com uma rede neural convolucional profunda". Knowledge-Based Systems 108 (2016): 42-

49.

[Pott 2011] Potts, C. (2011). Sobre a negatividade da negação. Em Li, N. e Lutz, D. (Eds.), Proceedings of Semantics and Linguistic Theory 20, pp. 636-659. CLC Publications, Ithaca, NY.

[Pozzi et al, (2013)] Pozzi, Federico Alberto, et al. "Melhorar a análise de sentimentos ao nível do utilizador em microblogs com relações de aprovação". Congresso da Associação Italiana de Inteligência Artificial. Springer, Cham, 2013.

[Richa et al, 2014] Alec Go, Lei Huang e Richa Bhayani, Análise de sentimentos no Twitter. Projectos finais do CS224N para a primavera de 2008/2009 no Grupo de Processamento de Linguagem Natural de Stanford

[Saif et al 2016] Saif, Hassan, et al. "Contextual semantics for sentiment analysis of Twitter." Information Processing & Management 52.1 (2016): 5-19.

[Shrestha, 2016] Shrestha, Prajwol. "Deteção de mudança de código através de caraterísticas lexicais em campos aleatórios condicionais". Actas do Segundo Workshop sobre Abordagens Computacionais à Mudança de Código. 2016.

[Siva rajah et al, 2015] Siva rajah, Uthayasankar, Zahir Irani e Vishanth Weerakkody. "Evaluating the use and impact of Web 2.0 technologies in local government." Government Information Quarterly 32.4 (2015): 473-487.

[Smith et al 2003] B. Smith, G. Linden e J. York, "Amazon.com recommendations: item-to-item collaborative filtering", IEEE Internet Computing, vol. 7, Jan. 2003, pp. 7680

[Suhuan Sun et al, 2011] Suhuan Sun, Gongsheng Kong e Changwei Zhaoa, "Polarity words distance-eight count for Opinion Analysis of Online News Comments", 1877-7058 © 2011 Publicado por Elsevier Ltd. doi: lO.l016/j.proeng.2011.08.357

[Swami, Armogh, et al, 2017] Swami, Amogh, et al. "Extração e refinamento de caraterísticas para a extração de opiniões". (2017).

[Taware et al, 2014] Nova abordagem para descobrir padrões eficazes para mineração de texto, Revista Internacional de Pesquisa Avançada em Engenharia e Tecnologia da Computação (IJARCET) Volume 3, Edição 2, fevereiro de 2014

[Tierney et al, 2009] B. Ohana e B. Tierneyi, "Sentiment classification of reviews using SentiWordNet", em Proc. IT and T Conf., Dublin, Irlanda, 2009.

[Turney, 2002]. Peter Turney. 2002. Thumbs up or thumbs down? Orientação semântica aplicada à classificação não supervisionada de críticas. Em Proc. do ACL

[Uysal, 2016] Uysal, Alper Kursat. "Um esquema melhorado de seleção de caraterísticas globais para classificação de texto". Sistemas especialistas com aplicações 43 (2016): 82-92.

[Walaa, etal 2014] Walaa Medhat, Ahmed Hassan, Hoda Korashy, Algoritmos de análise de sentimento e aplicações: Uma pesquisa Ain Shams Engineering Journal (2014) 5, 10931113

[XU Xueke, 2013] Xu, Xueke, et al. "Extração de opiniões a nível de aspeto de críticas de clientes em linha". China Communications 10.3 (2013): 25-41

[Yu et al, 2012] Yu, Sheng, e Subhash Kak. "Um estudo da previsão utilizando social media." arXiv preprint arXiv:1203.1647 (2012).

[Zhang et al, 2012] Lin Zhang, Kun Hua, Hong gang Wang, Guanqun Qiane, Li Zhang, Análise de sentimentos em comentários de utilizadores móveis, 11ª Conferência Internacional sobre Sistemas Móveis e Computação Pervasiva (MobiSPC- 2014).

MIX
Papier aus verantwortungsvollen Quellen
Paper from responsible sources
FSC® C105338

Printed by Books on Demand GmbH, Norderstedt / Germany